A Spiritual Path to Healing and Integration

SHADOW WORK

愛的陰影功課

找到你的黃金陰影，轉化傷痛
從此活出閃耀的生命

Michelle Wadleigh

蜜雪兒・沃德萊——著　謝明憲——譯

各界讚譽

「在這本啟發性的書中，沃德萊分享了真誠又出色的指導，教我們如何懷著同情心走進內心的幽暗處，從而獲得內在的療癒及愛自己。」

——海德艾許・亞瑪拉（HeatherAsh Amara）
暢銷書女神戰士（Warrior Goddess）系列作者

「陰影功課是打開無意識的障礙的鑰匙，這些障礙讓我承受了如此多的痛苦。蜜雪兒的書不僅說明了陰影功課是什麼，還用親切又有效的方式教你如何實踐。倘若你在生活的任何方面感到窒礙難行或無法獲得自由，我相信那一定是某個陰影在呼喚你走向更深的療癒。這本書不僅讓你面對陰影，同時還會帶著你穿越它，並幫助你接納陰影為自己的一部分，使你成為自己內在世界的主人，而不是對它產生畏懼。我要向蜜雪兒這部令人脫胎換骨的著作致敬。

——馬克・安東尼・勞德（Mark Anthony Lord）
心靈導師及作家

「蜜雪兒・沃德萊用深深的愛和溫柔的方式，讓我們窺見那些最想隱藏在陰影中的事物，並帶領我們走出黑暗，使我們體驗本該擁有的喜悅。感謝你帶來這本書做為禮物。」

——蜜雪兒・惠廷頓（Michele Whittington）博士
「釋放你的生命」（Unleash Your Life）網站創辦人及作家

「如果你像我一樣，曾經一輩子隱藏及過度補償那些你認為醜陋、不受歡迎，因而不可接受的自我面向，那麼這本書將讓你受益良多。在每一章中，我都發現自己有多麼排斥自己，並明白其中的原由。到了最後一頁，我從未如此慶幸自己錯看了自己。我鄭重地推薦這本書！最後你可能也會發現，以前你擔心自己成為某種人或遺憾未能成為某種人，其實都是天大的錯誤。」

——凱瑟琳・A・杜卡（Catherine A. Duca）
臨床社工師及作家

「蜜雪兒．沃德萊牽著你的手，帶你一步步清除那些障礙——有些甚至是你不知道的——從而讓你的生活迎向喜悅。」

——溫迪．克雷格普賽爾（Wendy Craig-Purcell）博士

本書獻給我的孫子莉拉（Lila）、威廉（William）和安娜麗絲（Annaliese）；還有不斷帶給我試煉的兒子麥可（Michael）、凱斯（Keith）和賽斯（Seth），以及他們的伴侶艾希斯（Isis）和茱莉亞（Julia）；我的丈夫尼爾・平克曼（Neil Pinkman）；以及我出自於愛而收養的龔薩雷斯（Gonzales）家和瑞利（Reilly）家。

目錄

第二部——理解篇 57

第三部——應用／功課實踐篇 135

轉念練習索引

寫在本書之前

親愛的讀者：

本文看似是一篇免責的聲明，但它其實是出自於關愛的一種警示或提醒，若不提出這些聲明反而是不專業又極不負責任的。畢竟陰影功課深入內心，它可能會揭開舊有的傷疤，因此在實踐的過程中若沒有充分的照顧自己和愛自己，則可能會再次引發創傷。我帶給你的這項功課是我畢生的實踐，它是出自於我想在艱辛的過往中生存下來的強烈渴望。當時我很幸運，身邊有一群同樣投入這種有力量的健康對話的人。

以下是我的建議。首先，請緩慢地進行這些內容，同時也請做好尋求支持的準備，不論這些支持是來自醫療的專業人員、值得信賴的朋友或家人。讓你的支持網絡隨手可及——眞的設定爲快速撥號。本書無意取代你正在接受的任何治療或醫療照護；我也不是在鼓勵你改變平常的習慣，或是減少你可能正在服用的藥物；而是要求你務必照顧好自己。因爲這是相當深入的功課，可能會挖掘出那些需要額外支持才能應對的事物。請將本書視爲你諸多資源中的一種。任何時候，只要你感到不堪負荷（無論是閱讀本書還是其他書籍），請先停下來做療癒的深呼吸，並選擇最積極的方式來繼續進行。我由衷地希望你做最適合自己的事。陰影功課可以作爲那個旅程的一部分，至於具體要做到什麼程度，則是由你自己的理解和需求來決定。

若你曾在商店裡見過父母突然發現孩子走失了，那麼你一定聽過他們慌張地呼喊孩子回來的聲音。試想，如果你能以同樣的迫切心情，去尋回那些被自己否認的部分——那些被排斥、被投射到他人身上，並因此讓自己和他人承受巨大的痛苦與壓力的部分——那會如何呢？

想像一下，你找到了自己那痛苦又被排斥的部分，你不再深陷在羞愧、不安和憂慮當中，而是試著與這個內在的部分——可以說是你的內在小孩——對話，並邀請她（他）或他們回家。在展開這個陰影功課的過程中，請想像它是充滿了愛與安全的，而它也將會是一趟安全、充滿愛與希望的旅程。

序——

一場神聖旅程的邀請

在邁向自我探索及個人成長的旅程中，有一個經常被遮遮掩掩的領域，它就隱藏在我們潛意識的隱祕處——亦即所謂的陰影。蜜雪兒．沃德萊博士在其深入又極具啓發性的著作《愛的陰影功課》中，無畏地深入這片領域，帶領我們走過陰影功課的轉化過程。

陰影功課的重要性不容低估；這是一場深入心靈深處的探險，我們將在其中遇見那些長久以來被忽視或刻意迴避的自我面向。蜜雪兒．沃德萊游刃有餘地探索這片複雜的領域，並將靈性的智慧、心理學的洞見與實用的指導完美地融合在一起，爲那些勇於進行自我探索的讀者們繪製了一張藍圖。

本書的獨到之處，不僅在於沃德萊博士對陰影的深刻理解，更在於她能將深奧的概念化爲容易理解的內容。透過那些充滿脆弱感的個人眞實故事，她邀請我們在個別的經歷中看見普遍性，並在個人的掙扎中認識到共通的人性。陰影透過這些故事而變得活靈活現，同時也成爲一面鏡子來讓讀者照見自身隱藏的面向和那些未曾探索的領域。

除了撰寫引人共鳴、發人深省的文字敘述外，蜜雪兒．沃德萊還慷慨地提供了一套實用的練習寶庫，讓讀者能夠自己進行陰影功課。這些練習不僅是理論的概念，更是促進個人轉化的實用工具。從日誌的提示到靜心的訓練，每一個練習都是用來啓發自我探索，以及整合那些分裂的自我。《愛的陰影功課》不僅是一份指導，更是一場神聖旅程的邀請——引領我們走向療癒、整合與完整。蜜雪兒．沃德萊召喚我們去探索內在的深處，並照亮那些一旦被承認便能成爲我們的力量與智慧之源的陰影。

隨著閱讀這本令人脫胎換骨的指導書，願你找到直面陰影的勇氣、接納完整的自我的啓發，以及引領你走向更加整合、眞實的人生的指引。願本書成爲你的自我探索之旅的良伴，提供你照亮那通往更深層次的完整性之路的洞見與工具。

——索妮．康特雷爾史密斯（Soni Cantrell-Smith）

神學博士、靈性生活中心（Centers for Spiritual Living）導師

本書架構概述

爲了讓你了解我們將如何進行這整個過程，以下是你即將展開的這趟旅程的概要，並請將它視爲陰影功課的藍圖。本書共分爲四個部分：

第一部：著手篇

這一部分向你介紹整個過程中會使用到的工具，並說明陰影是如何形成的。

第二部：理解篇

我們將使你有充分的理解，讓陰影功課不再神祕。你會學到一些技巧，但主要是提供觀念與想法，以幫助你進入實際的應用。

第三部：應用／功課實踐篇

這一部分將引導你進行陰影的療癒，它涵蓋了大部分的技巧與練習。

第四部：維持篇

倘若做了這個功課還是回到無意識的習慣，那又有什麼意義呢？因此，這一部分將提供你保持活力與覺察的工具與訣竅。

以下是這個功課的進行順序：

一、前期準備。
二、簽署承諾書。
三、設定你的意圖。
四、確立你的理由。
五、進行自我盤點。
六、持續進行前期準備與其他的建議練習。
七、貫徹整個過程。
八、讀完本書後，繼續維持你的進展。

我帶給你這個功課，並不是以心理學家、治療師或任何心理學學位的身分，而是作爲一名傳道人和心靈導師，以及我個人曾走過的痛苦歷程。我最早是在計畫幸福學院（Planned Happiness

Institute）接受催眠治療師的訓練，因此我相當清楚人的想法會如何影響大腦和意識。當我發現在全球推廣心靈科學的「靈性生活中心」所教導的正向祈禱（affirmative prayer）時，我立刻看出正向祈禱和催眠對大腦及意識有著相同的效果。我現在選擇將這種技巧稱爲「正向轉念（mindshifting affirmation）」，但它其實還有很多名稱：祈禱、正向祈禱或靈性心療法（spiritual mind treatment）。

在愛、接納和對受傷的心靈的同情心的外表下，我其實是個實際、務實又邏輯性強的人。因此本書會非常容易閱讀；內容淺顯易懂，也容易消化吸收。我的夢想是影響每一個人，讓他們願意直視自己的陰影，同時保持並增強對自己的愛。我確實會在書中多次重複一些概念和觀念，而這是我刻意爲之的。畢竟有些時候，我們需要聽（或讀）到某些事情幾次之後才能眞正領會。此外，這樣的重複也讓你有機會每次都能更深入地理解這些概念。

這是一本引導你進行陰影功課的靈性指南。我相信，生命中只有一種靈性力量，我稱之爲天能（Genius）。這股力量隨時以無數的方式向我顯現。我了解到，光是**正向轉念祈禱**（Mindshifting Affirmative Prayer）的力量便足以改變我的人生。現在，我們必須適切地將焦點放在正向轉念祈禱的使用和應用。一旦它得以發揮，將會是多麼強大！我們來仔細看看這一點。

當你學會有目的地說出你的意圖，並帶著情感的強度將你的正念注意力集中在特領域時，你將掌握一個勢不可擋的轉化工具。**正向轉念祈禱會滲透到其他方法無法觸及的地方；正向轉念祈禱會**

清除一切阻礙。祈禱打開了可能性的空間。我將教你如何在自己的生活中使用這個強大的工具。

隨著我與這股力量建立起關係，我的信心和堅定的信念也逐漸在增長。而隨著它們的增長，我也變得更加勇敢而不再迴避自己的情緒。

我的情緒就像是路標一樣，告訴我該向何處看向自己，並提醒我需要療癒和超越的地方。我進行這方面的功課已經超過四十年。我可以誠實地告訴你，我從未被自己的情緒所左右。雖然我還是會有情緒，有時候也會有所反應，我依然會感覺到它們；但我已經不再害怕了。相反的，當我發現自己在反應，或在對自己或他人作出評判時，我反而會樂見其成，因爲我毫不懷疑，我即將接受自己的一個新面向。因爲一個陰影正在向我現身，我也將因此回到更加完整的狀態。而你也將能做到這一點。

我對你在這趟旅程中的期望，是希望你學會運用你的生活及其試煉來發現自己的陰影，同時去感受那些需要被感受的情感而不畏縮，並以輕鬆與優雅的姿態勇敢地走向完整與整合的道路。

因此，請與我一同踏上這個旅程，讓我們一起帶著心中的喜悅、好奇心和對自己滿滿的愛回歸到完整的自己。我們一起走吧！因爲在群體中，一切都會變得更容易。

建議：找一位你信任且感到安全的朋友來一起走過這趟旅程。擁有負責任的夥伴能幫助你保持專注並提供安全的空間，讓你在探索內心的過程中可以有傾訴的對象。永遠別試圖成為對方的治療師（他們也不要試圖成為你的治療師）。手牽手，心連心，但不要試圖指導對方。信任他們的過程，並請他們也信任你的過程。每個人都必須按照自己的節奏前進，但一起走上這趟旅程可以讓你們在做自己的功課時得到支持與愛。

我們把話說清楚。

我們每個人與那環繞在我們身邊的創造力量，都有著各自的獨特關係。你們的關係以及你對這個關係的稱呼，絕不會妨礙這個力量的使用。對你怎麼有效就怎麼稱呼它：上帝／靈性／雅威（Yahweh）／能量／愛／宇宙智慧（Universal Intelligence）／天能，或其他任何對你有效的稱呼。你也可以稱它爲你的更高力量（Higher Power），甚至僅僅只是稱呼它爲朋友。你只需將那些可能分散你注意力的詞語，換成對你有效的詞語即可。對我而言，我是向一個全能、無所不在、全知的良善本質臣服，並且用許多的名字稱呼它。你可以自由地根據自己的信仰命名，以及主張你與這股強大的宇宙力量的關係。本書適用於任何信仰傳統，無論是那些認爲自己屬於「靈性但非宗教」的人；還是那些認爲可能存在「某種」更大的力量，但尚不確定它是什麼東西的人。你如何稱呼它並不重要，因此請隨意使用令你感到自在的詞語。你甚至會發現，隨著你閱讀這些內容，你對這個更高力量的概念也會有所改變和成長。

我終身都在學習去發現那些需要改變和寬恕的部分，同時也投入了無數的時間，透過靜默、靜心、沉思和積極的探問來了解自己和自己的動機。這些練習幫助我爬出了我生長的那個深淵。我的家和家庭因情感創傷、性虐待、酗酒和教育匱乏而有著無數的限制。如果沒有我在本書中所講述的那些原理，我的人生可能完全不是現在的樣子。

請務必溫柔地對待自己；請懷著同情心仁慈地對待自己，並且記住：選擇踏上這趟旅程的你，應該為自己感到驕傲。在閱讀全書的過程中——每一課、每一次閱讀——都要愛自己。

檢視陰影的理由

為什麼一開始就要去檢視那些陰影，面對那些不被愛的部分？

- 因為創傷和陰影在心理和情感健康的世界中代表了一種複雜的交互作用。陰影包含著大量儲藏的體驗，而這些體驗可能會在我們理解它們並與之建立關係之前，就削弱了我們的力量。它包含了你一生的經歷和制約，但眞正讓我們心痛和不安的是那些更為困難的部分。深入探究陰影的過程，就像開採金礦一樣：需要付出極大的努力，但每一刻都值得。

> 永遠別讓任何人
> 轉移你對自己的注意力。

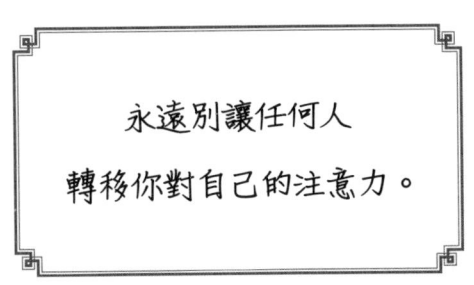

- 創傷可能潛藏在我們的陰影之中，若不仔細檢視它、處理它並給予愛的滋養，創傷的痛苦將會繼續存在並影響你的生活。
- 陰影中的隱藏要素——儘管它們最初是對創傷事件的保護性反應——可能會長時間潛藏在潛意識中，從而深深地影響你的思維、情感和行爲，即使創傷事件已經過去許久。

創傷與陰影之間的關係成爲療癒和成長的關鍵轉折點。這趟勇敢的旅程，將讓我們逐步放下那些由於創傷而積壓在潛意識中的情感負擔和心理負擔。重要的是要認識到，進行陰影功課——尤其是可能涉及你的創傷時——是一個敏感又極具挑戰性的過程，此時往往需要專業治療師或輔導員的幫助。

你進行陰影功課是因爲……

你的陰影包含了大量的能量、創造力和隱藏其中的特質。它存在於你潛意識的深處。每當你選擇面對陰影而不是轉身逃避，你便爲自己創造了接收宇宙不斷想要送給你的禮物和祝福的機會。但最重要的理由是，隨著每一個陰影或陰影面向得到你的接納而成爲你的生命完整性的一部分，你也將成爲更眞實、美好、強大、完整的人。

可以這麼說，你所面對的每一個痛苦中，都蘊藏著一份禮物和祝福。每一次因爲關係變了調所引發的個人挑戰，都將使你更有能力療癒這段特定的關係，並使你在所有的關係中都處於更有利的位置。

此外，療癒自己的陰影面向會使你充滿了活力和希望，也更願意積極投入生活。你將開始展現那隱藏在表面之下的創造欲。而隨順這些「理由」來進行陰影功課，將教你看見人生諸多挑戰中所隱藏的祝福。

根據我個人的經歷

曾經有一段時間，我將所有的不幸、所有的壓力、所有的痛苦都歸咎於外界的人。我從未停下來思考，自己是否對某些事情的發生負有責任。因此，我成爲了一個愛指責、吹毛求疵、喜歡將痛苦的責任歸咎於無辜的對象的女人，而不是回頭看自己，承認問題的根源來自於我自己。

這讓我一直處於受害者的角色，因爲我逃避承擔自己在生活困境中的責任。我無助、絕望，甚至把自己的受害者身分當作榮譽的標誌。直到我開始直面自己的陰影，我才意識到，我對他人的無情評判才是導致人際關係不良的根本原因。

爲了幫助你更清楚地理解，我將分享自己面對陰影與錯誤的親身經歷。這些故事將展現我過去的情感不成熟、糟糕的決策，以及多年來如何受制於對周遭人的刺激的本能反應。我會修改部分的細節與姓名，以免在講故事時傷到任何人。

我也會分享一些學生的故事，他們走過這條路並找到了自由。請注意：爲了保護他們的隱私，我已經改了他們的名字和辨識特徵——但這些故事都是眞人眞事。我們可以從彼此的經歷中學習。

我希望你能懷著好奇心和同情心來閱讀這本書。本書將是靈性原理與紮實的心理學原理的完整結合。運用書中的觀念，我選擇由內而外、負起責任地展開我的功課；我選擇應用上述那些原理和正向祈禱；最重要的是，我選擇在整個過程中盡可能無條件地愛自己。

如果你還在閱讀這些文字，那很好，請留下來與我同行。你要在轉變的過程中愛自己，同時相信你那與生俱來的內在之美。《愛的陰影功課》是一條通往憶起自己的本來面目的道路，而不是成爲某種新的東西。我們將在愛中同行，並去除那些干擾與阻礙，而不對自己或他人造成任何傷害。

感謝你選擇這本書，接受「可能性」這個任務，並選擇回到你的完整性。事實上，我們任何一個人回歸完整時，整體都會因此受益。在這本書中，我將提供轉念的肯定語供你在旅程中使用。

保重，我的朋友。

記得愛你自己的一切！

詞彙表

關於陰影的用語釋義

利用這張詞彙表來理解書中某些用語的含義。

祝福：祝福是將所有的評判與譴責轉化爲愛與接納。

探問：人類是很迷人的存在，當我們向內探問時，就可以了解自己的動機。我們對自己了解得越多，就會做出越好的決策。

法則：法則是用來描述那承接我們說出和未說出的話並付諸實現的可靠力量。它之所以可靠，是因爲它會對每一個使用這個法則的人一視同仁地作出回應。

正念（Mindfulness）：正念有幾種形式。在本書中，我們將鼓勵讀者對自己生活中的某個面向保持正念；換句話說，就是擴大對自己的覺察，並將這種覺察應用於選擇和行爲上。

正向轉念祈禱：我在本書中運用了一些語句，它們也被稱爲「正向祈禱」或「轉念」。我們是運用這些語句，來將我們的注意力導向創造我們想要的結果。

臨在：臨在是指處於此刻的體驗，而不掛念過去或憂慮未來。處於臨在就是活在當下。

原理：本書所謂的原理，其實是科學家對創造的量子場的理解。當我在書中提到原理時，是指根據創造的共同創造法則。

澈底誠實：這是指絕對不會對自己隱瞞眞實的感受，並看出那些能帶你發現陰影的觸發點。

陰影：陰影是指你排斥自己的部分，而你將它們投射到其他人身上。陰影會一直隱藏著，直到我們主動想要看見它。

罪：在新思維運動（它包括心靈科學、合一及其他的教導）之類的玄學傳統中，「罪」通常被理解爲一種無知的狀態或錯誤的信念，而非道德上的缺失。

本源（Source）：「本源」是描述存在於一切事物核心的無限潛力與力量的眾多名稱之一。它是生命創造最初的起因，也有人稱它爲上帝、愛、力量、宇宙力量……等等。

思想種子（Thought Seed）：思想種子指的是植入意識中的某個想法，並最終成長爲預期的結果。

創傷問題（Tissue Issue）：創傷問題是指那些至今仍活躍在你心中的情緒，它們與過去的創傷息息相關。

【第一部】

著手篇

什麼是陰影功課？

根據你所接觸的心理健康專業人士或閱讀的書籍不同，陰影功課可能呈現為一種高度理性與認知的過程，或是一場深入內在景觀（inner landscape）的靈性旅程。對我或我們來說，本書的核心就是愛。愛自己，愛到願意去做那些艱難的課題；愛自己，愛到願意穿越情緒烈火的洗禮。當你的愛變得強大，你將穿越這些情緒的波濤，勇敢地直面那些艱難的課題，同時也會在進行這個功課的過程中變得越來越有力量。

在《愛的陰影功課》中，我們透過一種充滿愛與責任感的方式來療癒陰影。我將引導你運用本書從三十八頁開始列出的所有工具。這個功課的重點在於理解陰影如何形成，並鍛鍊出堅持到底的力量與紀律。你的任務是保持無畏，並願意去全然地感受所有浮現的情緒，因為這些情緒內含著將陰影轉化為可用的能量所需要的一切。

身為陰影功課的指導者，我最重要的職責就是鼓勵你，在功課中發現這些隱藏的線索時，不要對自己妄加評判。我們有時會發現自己的「罪」（參閱詞彙表），有時則會透過我們的人際關係、反應和觸發點而看出自己的陰影。但無論如何，我們都必須保持愛與同情心。

請容我把話說清楚：這一切的努力都是值得的，因為你會親眼見證自己的生命質感發生了變化，而你會知道，這一切都是你促成的。是你帶來了改變，是你接受了挑戰。

為何陰影功課如此重要？

當你開始了解陰影時，你會明顯地發現自己一直試圖在生命中達到某個目標，卻總是無法擺脫某些傾向、模式和掙扎。甚至，你一直想突破的那道「天花板」可能就是你的陰影在作祟，從而讓你困惑不已，難以理解自己為何無法跨越這道障礙。

隨著對陰影的了解加深，你也將看見它如何影響了你的人生。那些曾令你感到迷惘、身不由己的事，將變得可以理解。有了這份新的認識後，你將會直面那些曾讓你避之唯恐不及的情緒與情境。

生命中那些曾讓你感到困擾的人際關係，將逐漸失去對你的掌控力。這種轉變有時看似奇蹟，但其實它只是從靈性角度來詮釋的基本心理學。我曾見證許多勇於整合陰影的人療癒了困擾他們多年的人際關係——有的父母與疏遠的子女重修舊好，有的手足重新找回彼此的愛。有些人將這個功課應用在自己與雇主或上司的關係，結果發生了不可思議的變化：他們要不就是和平共處，要不就是順利地離開那些令人窒息的權力結構。

> 陰影代表我們人格中較為幽暗、
> 經常被潛抑的面向——
> 那些讓我們感到不自在或
> 難以接受的特質、渴望與情緒。

當你開始了解到，外在的世界其實是你內在的思想、信念、傷痛與記憶（正是這些構成了你的陰影）的直接投射，你將不再感到無助或覺得自己是人生的受害者。做這個功課將使你感覺自己獲得了療癒、超越的力量，甚至改變這些人際關係的走向。

未經檢視的陰影會阻礙我們的工作、自我表達、喜悅和人際關係。這個功課非常簡單，但並不容易。然而，一旦你擁抱它，你將成爲充滿無限可能的力量源泉。這個功課之所以簡單，是因爲它的概念很單純；而它的困難之處在於，我們往往深信外在世界主宰著我們的幸福。療癒來自於不再將力量交給外界的人事物，而是回歸自身。每當你對自己的體驗負起責任，你就重新拿回更多屬於自己的力量。

每當你負起責任（而不是自責），你就釋放出自己的一部分來讓它回歸，並表現出喜悅與平靜。事實上，你早已擁有完成這個功課的一切內在資源。雖然我們會在書中更深入地探討責任這個主題，但此時我想先提供一些指引。

將自己的處境、現實或感受的責任推卸給他人，這一切的努力只會削弱你的決心。然而，當你負起責任時，你就與自身的力量相應一致；當你歸咎於他人時，你就與自己的力量分離。因此，承擔責任能賦予你前行的力量。

不做陰影功課會怎樣？

不做陰影功課，無異於將自己暴露在巨大的傷害中；不做陰影功課，就像完全不照顧自己一樣；不做陰影功課，意謂著你只能任由生活條件的擺布。如果不做這個功課，你將受制於外在環境，並且只能被動地對這些環境作出反應。

不做陰影功課，你就會一再地重複相同的模式，卻不明白為什麼。例如，你總是不自覺地與同類型的人結婚，或是一次又一次遇上專橫的慣老闆，甚至換了工作還是遇到苛刻的上司，而且薪資低得只能讓你勉強糊口。於是，你只能在這些難以忍受的環境中掙扎求生。不進行這種深入的探索，你會感覺自己被忽視、不被愛、不受賞識。這些看似不同的人，卻總是帶來相同的結果。

除非你無所畏懼地投入陰影功課，否則你的生活將脫離不了對於各種刺激的反應，而你也只能努力維持自己的理智與快樂。唯有當你真的受夠了「自己已經受夠了」，你才會義無反顧地投入這個功課。

陰影可能來自各種不同的情境。你是否曾經納悶，為什麼自己總是無法擺脫某種現實的循環？你是否曾感到奇怪，為什麼身邊總是吸引來相同類型的人？又或者，你是否曾經感嘆，自己明明是內心善良的人，為何生活會過得如此艱辛？未療癒的陰影甚至會影響健康。如果你總是飽受各種疾病困擾，好像無論如何都無法擺脫病苦，這很可能與情緒的影響有關。

若不正視這些根深柢固的問題，你可能會感到毫無生氣、寸步難行，宛如一具情感上的行屍走肉——毫無個人的力量、無計可施地只能受外在影響力的左右，找不到任何方法從這種惡性循環中解脫。然而，當你學會解讀來自潛意識的微妙暗示，你便能有別於那些同樣受困的人，並逐步走向療癒與充滿力量的道路。

有一個關於信心的經典故事，經常被用來提醒人們要願意接受幫助。一名男子的住家遭遇大洪水。當洪水開始上漲時，這名男子虔誠地祈禱。不久之後，救援隊來到門前，但男子對他們說：「別擔心，我已經祈禱過了，上帝會來救我的。」洪水繼續上升，一艘小船經過，船上的人對他喊：「快上來，我們帶你去安全的地方！」但他仍然拒絕：「不用了，謝謝，我已經祈禱過了，上帝會來救我的。」洪水繼續上漲，他被迫爬上屋頂。此時，一架直升機放下繩梯要帶他離開，但他依舊堅持：「不用了，我已經祈禱過了，上帝會來救我的。」最後，洪水淹沒了整棟房子，他也被水沖走而溺斃了。來到天堂的大門時，他問道：「上帝呀，祢爲什麼拋棄了我？我一直充滿信心地向祢祈禱啊！」上帝回答：「親愛的，我已經派了救援隊、小船，甚至直升機來救你，你還想要什麼呢？」

這個故事告訴我們什麼？幫助與支持其實一直都在我們的身邊。你要相信自己、相信你有能力站起來，並以最充滿愛的方式照顧好自己，但同時你自己也必須說：「我願意！」

如何知道需要做陰影功課？

當你發現自己一再與相同類型的人約會或結婚；無論換了多少份工作，總是遇到令人討厭的老闆；對初次見面的人產生強烈的反應；或是無意識地靠近或遠離某些人或機會，卻又說不出理由；此時，你就知道自己需要做陰影功課了。

陰影是我們過去的痛苦、故事與記憶的總和，它們在我們毫無了解的情況下被投射到外在的世界。這種投射往往是無意識的。需要做陰影功課的暗示可能表現在各種跡象上——從強烈的情緒反應和爆發或控制不住的悲傷，到生氣、狂怒或憂鬱。陰影並沒有單一的特定樣貌，而是呈現多種表現的。

要記住，陰影可以隱藏在顯而易見的地方。以下是一些較爲明顯的跡象：

- 人際關係反覆出現裂痕
- 完美主義及必須掌控才能感到安心
- 引發不悅、擔憂與焦慮的強烈情緒反應
- 投射——自以爲是的評判與責怪他人
- 無法明確指出問題根源的內在衝突
- 自尊心低落

- 知道自己有過創傷
- 難以寬恕他人
- 上癮行爲
- 憂鬱
- 感到與現實脫節
- 反覆做噩夢
- 情緒爆發
- 關係的不忠
- 不誠實或想要不誠實

本書的陰影功課與其他的陰影功課有何不同？

首先，本書是以「正向轉念祈禱」作爲療癒的藥方。

再者，我不把陰影稱爲「黑暗的」。

我來加以說明。我們是運用正向祈禱或轉念，來改變我們對自己的內在看法、轉變我們的意識，並清理那些隱藏在潛意識深處的衝突種子。有意識地直接應用正向轉念祈禱的方法，是它有別於其他陰影功課之處。至於決定如何將這個功課應用在自己身上，以及運用這個方法來療癒陰影，則取決於你目前的信心程度。從現在開始，我們將用「轉念」來指稱這種意識轉變的練習。爲了讓你能簡單明瞭地運用，本書包含了以腳本的形式呈現的正向轉念祈禱（參閱詞彙表），你可以在這趟旅程中根據自己的獨特情況自訂這些腳本。

如果你對正向轉念祈禱及其格式還不熟悉，那麼你可以在本書的〈維持篇〉找到逐步的指引。若你本來就有信仰並做禱告，那麼唯一需要改變的，就是按照我的建議，以特定的方式使用**正向的肯定語**。只要正向祈禱與轉念是與你想要的結果方向一致，那麼它們便是好的。

值得注意的是，《愛的陰影功課》是根據這個基本信念來進行療癒：**你的內在有著純潔無瑕的本質，而憶起自己的純潔無瑕乃是陰影功課的關鍵**。當你選擇去療癒陰影所帶來的影響時，你便已宣告自己值得從過往的情緒史中解脫出來。這個情緒史是如何記錄的？它是以印記的形式存留在你的意識和潛意識中，甚至是以創傷的形式存留在身體的細胞中。這個功課之所以深奧又複雜，是因爲它隱藏於你的內在，並僞裝成正常的人類特質。但是請記住，你不是來人間受苦的。我們必須對一切的痛苦與掙扎提出質疑，否則它們將繼續出現在我們的現實中。

這些腳本是用來支持及溫和地引導你完成這個過程。《愛的陰影功課》希望你在做功課時，不會覺得自己像是在撕開傷疤而深陷在痛苦中。我們將懷著愛事實、接納事實的態度來檢視一切，並將它們視爲通往轉化的墊腳石。我們不必害怕那些浮現的痛楚與情緒，因爲它們是達到我們想要體驗的存在境界的必要養分。

你內在的每一個陰影都有其目的。起初，你對自己的某些部分的排斥，是你的潛意識為了保護你免於某種痛苦或不適。而那些被你排斥的部分就像是被遺棄的孩子，一旦你邀請它們回家，它們便能經歷療癒而重新回歸完整。

你即將帶你那些被排斥的部分回家。

你的陰影功課工具包

雖然這些是工具，但你也可以將它們視為通往「完整的自我」的門徑。

一、不評判

二、靜心

三、探問與沉思、默想

四、肯定語

五、正向轉念祈禱（亦名轉念）

六、祝福

七、寫日誌

八、身體的覺察

九、臨在

十、寬恕

十一、責任（承認的力量）

十二、寫信

十三、自我調節與呼吸

這些工具和技能的運用，將使這條路變得稍微輕鬆、順利和友善些。我要強調的是，在這趟旅程中，疼惜自己、溫柔地對待自己和照顧自己是必要的首要之務。這些工具必須在保持開放的心態下運用，同時設定尋求解脫的意圖。在書的結尾，我會再次回到這些工具，並將它們拆解爲每天和每週都可以運用的方式。每一個工具都很重要，本書會一一討論它們。我還爲某些主題提供了進一步的資源，使你能更深入地探索它們。

一、不評判①

練習不評判是我們首要且最重要的靈性修練。若你因爲自己的行爲、將陰影投射到他人身上、

編按：○為原注；●為譯注。

①這個練習的意圖是深具靈性的，但它並不表示任何人應該成為他人的不友善或殘忍行為的受害者，或是縱容這種行為。有時候，評判是生存的必要手段。永遠要照顧好自己，並且絕不要讓自己任人踐踏。

或人生犯下的錯誤而評判自己，那麼你是無法從陰影中獲得療癒的。因爲如果你過於苛刻地評判自己，那麼你就會像烏龜一樣把頭縮回去而停止觀察。我們永遠不想停止觀察，因此我們就從練習不評判來展開這整個過程。

人類一直在評判；我們是評判的存在，並且（有時候）這是有合理的原因的。但在此，我們指的是那種用來譴責他人、貶人揚己的評判，而不是在談論日常生活的必要辨識力。爲了走過這個過程，你必須接受自己現在是什麼樣子，以及不是什麼樣子。

這如何幫助你回歸完整？
當你不再指責自己或別人是錯的，你就會開始放下並使真相得以顯現。

二、靜心

我們推廣內觀靜心，這是一種靜坐、傾聽，讓自己聆聽並感知這個宇宙的啓示與智慧的練習。當我們過於忙碌、同時處理多項事務，或在不同事物間來回奔波時，就無法捕捉到那些等待我們去領悟的智慧。

靜心最理想的方式，就是在家中選定一個固定的地方，然後每天都在那裡靜坐。這個空間與習慣將成爲持續的強化機制，因爲每當你坐在那裡，你的身心會自然而然地與本源連結，並與你自身的智慧與智能同步。

倘若你已經有靜心的習慣，那就按照自己的方式繼續，不必改變。如果你是初學者，YouTube上有無數適合播放的音樂影片，手機上也有相關的應用程式可供使用。唯一需要避免的是那些帶有節奏或歌詞的音樂，因爲靜心應該是在體驗中忘我，而不是被聽到的內容牽著走。靜心的本質是傾聽與接收，而不是把自己搞得忙不可交。靜心最簡單的方式，就是坐著閉上雙眼，然後專注於自己的呼吸。有時，選擇一個正向詞彙來搭配每一個呼吸也很有幫助，例如「平靜」、「愛」、「好的」、「自由」，或任何能引起你共鳴的詞彙。你也可以探索其他的靜心形式來找到最適合自己的方法。

這如何幫助你回歸完整？

靜心能使你靜下來並獲得定力。在這個空間中，你將作出更好的決策，並且更能與自己的完整性連結。

三、探問與沉思、默想

蘇格拉底曾說：「認識你自己，就掌握了宇宙的鑰匙。」探問與沉思或許是最強大的自我轉化工具。當探問與澈底誠實結合在一起，便會引領你找到自己可能成爲的樣貌的線索。

沉思（contemplation）是與某個想法、感受或反應同在而不逃避，從而深入探索它對你的意義。人生會發生各種事情；但眞正塑造我們人生的，並非是發生了什麼，而是我們如何看待這些發生、對它們的內在反應，以及如何談論發生之事。當付出足夠的時間來檢視自己的內在景觀，我們便會開始了解自己是誰。爲了落實沉思，我們必須在寂靜中坐上一段足夠長的時間，來接收內在最深層的自我的訊息。

默想（pondering）只是單純地觀察我們自己，以及我們如何回應周遭的世界。相較於沉思，它是更爲輕鬆的，因爲它可能感覺像是單純的白日夢。

探問（Inquiry）是提出開放式的問題，並深入傾聽內在的聲音。而沉思則是更聚焦在靜下來去理解、見證及默想當前的一切。你也可以將這些想法和體驗寫在日誌中（見後）。

這如何幫助你回歸完整？

沉思的練習能幫助你喚醒自己的直覺，以及內在尚未被開發的智慧。

四、肯定語

「肯定語」這個詞在各大社群媒體平台上已被過度濫用，以至於它眞正的價值往往被忽視了。肯定語是一種簡單、簡短、肯定生命的語句，它很容易記住，在必要時可以用來把我們的注意力轉向希望與可能性。

舉例來說，在進行陰影功課時，如果你忽然出現某種突如其來、難以承受的情緒，你便可以隨時拿出一句肯定語，例如：「我完全有能力面對並處理這種情緒，因爲我很堅強。」這就是一句隨時可以派上用場的肯定語。

這如何幫助你回歸完整？

肯定自己，就是愛自己。一切的自我提升，都是從肯定自己開始的。肯定自己有助於這個過程。我們必須愛自己當下的處境和樣貌，來進一步發展為更完整、真實的自我。

五、正向轉念祈禱（亦名轉念）

正向祈禱或轉念是透過肯定的語句來凝聚注意力，並設定轉變心態的意圖。如今科學已經證明身心之間的相互作用與彼此影響。若想深入了解相關的科學資料，可以參考安德魯．紐柏格（Andrew Newberg, MD）與馬克．瓦德門（Mark R. Waldman）合著的《改變大腦的靈性力量》（*How God Changes Your Brain*）。當我們說出肯定語或祈禱時，身心會同時受到影響。學會讓心念與言語同步來支持那些肯定生命的理念，不僅能幫助你在本書的旅程中獲益，更能影響你的一生。

我們的世界是由言語創造的。當我們完全內化了這些言語，它們就會落實爲行動——並非某種迷信的力量或神祇實現了它們，而是源自於創造萬物的宇宙振動。請記住，一切事物都被創造兩次：它首先是在你的想像中成形，然後才以具體的形式、機會或療癒顯現。經常說這些肯定語，能幫助你與自己最高、最美好的可能性保持一致，並爲更健康的身心與更幸福的關係做好準備。此外，還有一個經常被忽略的益處是，隨著你的理解加深及生活質感的提升，這種轉變將影響整個世界——因爲「沒有私人的美好」，我們都在同一條船上。

這如何幫助你回歸完整？

言語運用得當的話，可以為你創造新的內在景觀——充滿了愛、同情心與接納。

尤其是，當你能傾注所有的情感、大聲地說出這些正向腳本的話語時，你將更容易感受到這些話語的振動頻率與力量。而當我們對自己所說的話充滿了熱情，轉變的發生將變得更指日可待。

六、祝福

讓我們把這個詞從宗教的範疇中抽離，而將它視爲一種行動——一種能爲特定情境注入愛、希望與新的可能性的行動。有意識地祝福某個事物，會改變我們與它的互動方式。舉例來說，如果你不喜歡服用藥物，但你的身體需要它；那麼當你祝福這藥物時，你的身體會以不同的方式接受它，進而帶來更健康的體驗。關於身體如何回應我們的思維，大衛．漢密爾頓博士（David R. Hamilton, PhD）在《心念的力量》（*It's the Thought That Counts*）一書中提供了更深入的探討。如果你與某人水火不容，與其譴責或評判他，不如選擇祝福他，而這將改變你對他們的看法。

祝福某件事或某個人，是讓自己以更高的視角看待事物，並預期一個肯定生命的結果。當你祝福某人時，你是無法譴責他們的。當我們譴責時，心門是關上的；而當我們祝福時，心門是敞開的。祝福某人或某個情境，將會改變當下的動態。

這如何幫助你回歸完整？

祝福自己、他人和你的陰影，就是在改變其周圍的能量。當你的陰影受到祝福時，它將更容易出現在你眼前。

七、寫日誌

把你的日誌當作是一個空間，它可以讓你傾瀉那些令你心煩意亂的思緒、釋放內心的憂慮，或是說出那些你需要表達、卻又害怕受到評判的話語。這個書寫過程將能幫助你釋放那些陳舊又停滯的能量。

在進行陰影功課的過程中，寫日誌能幫助你卸下包袱，爲未來的轉變騰出空間。你可以把日誌當作一處承載痛苦、困惑或憤怒的地方，讓這些情緒從你的身體轉移到紙張上。寫日誌的好處有很多，而其中最重要的一點，就是它能成爲陰影功課的強大支持。

這如何幫助你回歸完整？

有些陰影在你裡頭蟄伏已久，而寫日誌是幫助你釋放這些與陰影相關的能量的極佳方式。在日誌中，你可以毫無顧忌地表達自己，而不必擔心來自他人的評判或批評。

八、身體的覺察

身體就是你的晴雨表。學會解讀來自身體的信號，將會是你送給自己一生最寶貴的禮物。在陰影功課中，這是一把重要的鑰匙，它能讓你敞開接收那些必須知道的微妙訊息。否定身體的信號——稍後我會更詳細地談論這些信號——你可能會錯過那些最明顯的線索。

我想推薦兩本書來幫助你更深入理解這個主題：卡蘿．楚曼（Karol K. Truman）的《被活埋的情緒不會死》（*Feelings Buried Alive Never Die*），以及貝塞爾．范德寇醫師（Bessel van der Kolk, MD）的《心靈的傷，身體會記住》（*The Body Keeps the Score: Brain, Mind, and Body in the Healing of Trauma*）。

你的身體、心智與心靈是彼此緊密連結的。你天生具備所有必要的感知能力，能夠察覺場景背後所發生的一切。你需要做的不是試圖去阻止或改變這些信號，而是學會如何讀懂它們。它們是一份禮物，一種對完整性的祝福。

這如何幫助你回歸完整？

一旦學會如何運用並承諾聆聽你的身體，它將成為你最可靠的生物回饋系統。事情可以糊弄我們的腦袋與想法，而我們能說謊（甚至是對自己撒謊），但身體從不說謊。當你不再找理由掩飾時，身體會告訴你真相。這就是為什麼麻痺自己的情感與身體並不是個好主意。麻痺情感／情緒意謂著讓自己遠離身體試圖傳達給你的線索。

九、臨在

「臨在」是一個過度濫用，卻很少被眞正理解的詞彙。臨在是當下這一刻的體驗——此時此刻我所面對、體驗的事物（即使此刻我正在閱讀這行文字）。呼吸是保持臨在的重要關鍵。當你處於當下時，你無法擔憂未知的未來，或對過去的錯誤感到焦慮。臨在就是此時此刻、這個呼吸、這當下的體驗。

練習臨在的好處，在於讓自己從頭腦的故事中解脫出來。事實上，我們體驗的不是發生的事件本身，而是我們對於發生之事的詮釋。這些故事往往充滿了想像，甚至被加油添醋來使得它們更有說頭。

這如何幫助你回歸完整？

西方文化直到最近幾十年才開始了解臨在的重要性，而學會活在當下對我們至關重要。當你臨在於此時此刻，將有助於你放下過去對自己的固有看法，並讓你的新生命樣貌得以完整呈現。

十、寬恕

寬恕是這整個過程中最重要的工具之一。有時候，你會發現自己的行爲和決策與當前的情感傷痛有著千絲萬縷的關係，而這些傷痛正是你的陰影的根源。

當你開始發現自己的陰影時，你需要一套寬恕的練習，好讓自己不再陷於自責的泥淖中。這是踏上溫柔歸途的關鍵。畢竟我們不是來練習尋找過錯的，相反的，我們希望你的旅程是溫和又充滿愛的。

產生陰影的過程本來就令人感到不舒服，而我們最不希望的就是讓這種不舒服的感覺變本加厲。因此，當你發現陰影是源於自己的決定、行爲和評判時，你必須隨時準備好寬恕。透過寬恕，你會選擇愛自己、溫柔地對待自己、疼惜自己。

倘若你發現某些陰影源自於任何形式、任何程度的虐待，寬恕仍然是必要的。但我們務必釐清這一點：寬恕絕不等同於原諒對方的行爲。此外，若你正處於虐待的關係中，請務必尋求協助與支持。這或許不容易，但你值得擁有更好的人生，你不該成爲任何人的踐踏對象。

寬恕的重點在於讓你從痛苦中解脫，使你能改變自己的前進方向。透過寬恕自己與他人，你讓自己得到了解脫，從而整合你的陰影面向來讓它們回歸完整。寬恕能斬斷你與痛苦來源之間的鎖鏈；寬恕能解開束縛你的枷鎖。

這如何幫助你回歸完整？

寬恕能幫助你打破痛苦的鎖鏈，並讓你不帶憤怒與評判地專注於整合陰影。

我在《寬恕：一種道路、承諾和生活方式》（*Forgiveness: A Path, A Promise, A Way of Life*）一書中對這個過程有更深入的探討。

十一、責任（承認的力量）

在書中的後續部分，我將提供更多關於責任的話語和練習。但我在此處列出它並加以說明的理由是，它是能使你更有力量的一種靈性修練。你也許聽過這樣的說法：責任就是回應的能力。一旦你承認了自己的現實，你便能選擇朝著自己渴望的方向創造。除非你擔起責任，否則你永遠無法改變方向。因爲你無法改變那些在自己之外的事物。當你負起責任時，你就是在進行態度的轉變和注意力的轉變。

這如何幫助你回歸完整？

當一個人承擔起責任時，他便獲得了改變的力量。這是最重要且必要的一步。

十二、寫信

在整本書中，我會鼓勵你針對不同的主題寫信。寫信是一種優美又富有創意的方式，改變你對某件事的想法和感受。這項練習至關重要，因爲它能讓你保持在心靈層面，而所有澈底的療癒都必須包括心靈。

寫信可以在電腦上進行，但我鼓勵你手寫，甚至建議你輪流使用你慣用的手和非慣用的手，因爲這樣能讓你的思維保持靈活。這些信不是寫來寄給別人的，而是爲了你自己的療癒旅程。

如果你是個富有創意、甚至是手藝巧妙的人，那麼你可以考慮製作一本藝術日誌，並將你的信件收入其中。同樣的，這是你誠實、脆弱、創意的表現——一種敞開與療癒的絕佳組合。

這如何幫助你回歸完整？

寫信是一種優美又富有創意的方式，改變你對某件事的感受。寫信時，你可以將自己的心聲傾訴出來，並讓觀點的轉變慢慢地發生。

十三、自我調節與呼吸

自我調節在陰影功課中扮演著關鍵的角色。自我調節包括監控和管理自己在與內在景觀互動時的情緒反應。這包括發現並接納那些因面對自己隱藏的面向所可能引發的情緒，例如憤怒、嫉妒、恐懼或悲傷。當你學會與自己的情緒共處，而不會被它們擊垮或被迫作出反應時，你就有更多的力量來輕鬆地處理情緒。

學會觀察並監控自己的呼吸，可以明顯地增強調節情緒的能力。專注於呼吸的節奏和深度，可以有效地鎮靜神經系統、減輕壓力，並達到頭腦清晰與情緒平衡的狀態。這種有意識的呼吸練習有助於自我調節，使你能在探索的過程中感到安心。

這如何幫助你回歸完整？

在陰影功課中，自我調節與呼吸還涉及到調整自我步調的能力。由於陰影功課可能是既強烈又令人在情感上感到費勁，因此了解何時該深入探索、何時又該抽身出來照顧自己，是至關重要的事。

認識自己

在整本書中，我們邀請你去了解自己是誰、是什麼引發了你的痛苦，以及是什麼推動你走向改變。解脫是這個功課的回報，而認識自己則是通往這份回報的道路。

情緒觸發點是強大的指標，它們能幫助我們看出自己的陰影，並發現在陰影功課中那些需要探索和療癒的地方。

以下是一些最常見的情緒觸發點：

批評：對批評或反饋（無論是否具有建設性）的強烈反應，可能指出你陰影中的不安全感或自尊心問題。

憤怒：強烈或不理性的憤怒，尤其是當它看起來與情況的嚴重程度不成比例時，可能是某些未解決的問題或潛抑的情緒的信號。

嫉妒：嫉妒或羨慕的情感，往往揭示出你可能想要探索的欲望、不安全感或未被承認的面向。

內疚：持續的內疚感可能與過去的行爲或信念有關，而這些信念與你有意識的價值觀互相衝突。

羞愧：深深的羞愧感可能表示，你陰影中的某些地方承載著自我批判或未解決的關於羞愧的經歷。

恐懼：壓倒性的恐懼或恐懼症可能指向壓抑的焦慮或創傷，而它們可能是你陰影的一部分。

不安全感：持續的自我懷疑或感覺就像是冒名頂替者，可能暗示著你對自己的價值或能力的隱藏信念。

過度反應：當你對看似微不足道的事件作出強烈的反應時，它可能揭示出你陰影中的情感創傷或敏感點。

完美主義：對完美的無止盡追求可能是一種指標，它顯示出你心中有個無情的批評者或不切實際的期望。

受害者心態：如果你經常覺得自己是受害者並將問題歸咎於外部因素，這可能表示你需要探索自己在各種情境中的責任和力量。

討好他人：總是將他人的需求置於自己的需求之上的傾向，可能意謂著你將難以堅持自己的願望和界線。

控制問題：對控制或過度管理情況的需求，可能顯示出你對混亂的恐懼或對他人缺乏信任。

自我破壞：反覆破壞自己的成功或幸福的行爲，可能指向那隱藏在你陰影中的自我毀滅模式。

迴避：持續迴避某些情境或情緒，可能是你不願意面對某些領域的信號。

依賴問題：不健康的依附模式，例如過度依賴他人或推開他人，可能揭示出根深柢固的被遺棄或親密的恐懼。

上癮行爲：對上癮或強迫行爲的掙扎往往根植在陰影中，亦即某些未被滿足的需求在尋求被滿足。

過度批評他人：如果你發現自己過度批評他人，這可能反映出那些你未接納或未承認的自身面向。

這些情緒觸發點可以作爲進入陰影功課的寶貴切入點，同時引導你向更深的自我覺察和個人成長邁進。看出這些觸發點，並以同理心和疼惜自己的心態來探索其背後的問題，是將陰影整合到有意識的自我中的關鍵面向。

我們的任務是不帶評判地追蹤生活中的觸發點；認識到它們是自己的心靈的信號；承擔起對它們的責任；透過認知確認❶來療癒；運用正念與轉念來讓那些不被接受的部分得以回歸。一旦回歸，陰影的部分將不再需要投射到他人身上，而我們也能再次變得完整。

❶認知確認（cognitive recognition）是一種記憶形式，它讓人能隨著時間而記住事物。換句話說，人們識別某個事物時會產生一種熟悉感，或覺得自己以前就理解或辨識過這個事物。

【第二部】

理解篇

陰影的產生

了解陰影當初是如何產生的會很有幫助，因爲當你了解這個過程的起源，你便會開始對自己、他人，以及伴隨這個體驗而來的痛苦產生同情心，無論是對你自己還是對整個世界。

「陰影」這個概念最早由瑞士精神科醫師卡爾．榮格在他的著作《心理學與煉金術》（*Psychology and Alchemy*）中提出，它被用來描述那些我們選擇排斥和潛抑的人格面向。無論出於何種原因，每個人都有自己不喜歡的部分，或認爲社會無法接受的部分，因此我們會將這些部分壓到無意識的心靈中。榮格將這些被潛抑的身分面向統稱爲「陰影」。

陰影功課領域的專家、已故的黛比．福特（Debbie Ford）在她的書《黑暗，也是一種力量》（*The Dark Side of the Light Chasers*）中寫道：「陰影是我們因羞愧、恐懼或不認同而排斥的所有面向。它由任何我們認爲無法接受、他人不贊同，或使我們對他人或自己感到煩躁、驚恐或厭惡的部分構成。」

你可以將自己的陰影看成是地窖，在那裡你無意識地儲存著所有你不知道該怎麼處理的東西。你還沒有準備好擺脫它們，因此你將它們一一放進這個地窖。它們是一堆不必要的東西，最終你可能會把它們丟掉。所有這些不想要的東西都有它們的歷史和故事，但你還沒準備要處理它們，直到搬家時你不得不清理地窖爲止。搬家時你不會把所有的東西都帶走，因此你必須處理這些東西。這就是陰影功課：爲了向前走，你必須下定決心處理那些被收集起來的東西。

隨著創造出這些被排斥和潛抑的自我面向，我們開始與自己本有的完美狀態，以及任何我們評判爲不好的面向漸行漸遠。然而，這些被埋藏的人格缺陷並不會乖乖地待在我們的潛意識中①；相反的，它們會在那裡化膿、滋長、擾亂我們本來的秩序。陰影就像是不守規矩的五歲小孩，會以最煩人的方式引起你的注意。因此，陰影功課和內在小孩的功課是類似的。這也使我們了解到小我（ego）是如何形成的。你的自我爲了幫助你在人生的痛苦經歷（例如你那些被排斥的自我部分）中存活下來，於是發展出一套生存方式，並塑造了你至今的樣貌。

這些被排斥的狀態就像痛苦的記憶一樣，如同種子般在你的潛意識中生根發芽，並在不受打擾的情況下生長，最終導致你一生都以極其受限的方式展現你自己。這些種子並不容易識別，因爲我們把它們投射到別人的身上，況且它們本來就是隱藏起來的。起初，我們認爲是別人有問題。事實上，別人身上那些最令你惱火的性格特徵，是在爲你帶來自我認識的禮物。而當我們付出時間去愛、尊重、接納並寬恕這些特徵的最初原因時，我們就再次回到自己的完整性。

正因如此，《心靈科學》（*The Science of Mind*）的作者歐內斯特·霍姆斯（Ernest Holmes）將我們要療癒的自我面向，稱爲「那些在我們的意識中留下印記的東西」。隨著我們的意識轉變，我們也能擺脫這種制約的束縛。

①關於被埋藏的情緒的進一步研究，可參閱卡蘿·楚曼著的《被活埋的情緒不會死》。

小我還有另一種形成方式，那就是當我們被自我懷疑和恐懼困住，或是當我們難以相信自己時。這種缺乏自信導致我們隱藏起來並深陷其中。這些信念有些是我們從外部的影響中習得的，有些則是源自於我們的缺乏自信。

記住這一點：當初你犯下錯誤或作出抉擇時的意識，現在已經不復存在了。如果它們還存在，你就不會踏上這趟旅程。當我們想起，過去的我們並不是現在的我們時，我們的純潔無瑕就會顯現出來。在這個過程中，對自己要寬宏大量，並願意寬恕自己所有的錯誤。因為你的自我評判和批評只會助長你的陰影。

過去的你

並不是現在的你！

不評判的力量

「評判他人時，你並不是在說他們，而是在說你自己。」

——厄爾·南丁格爾（Earl Nightingale）

在本書，你會看到不評判的相關模式。在陰影功課的整個過程中，不評判都是相當重要的練習，甚至在功課開始進行之前也很重要。在本書的〈應用篇〉，我們會先請你進行為期三週的預備工作，它就是從不評判開始的。

當你出現防衛心、尷尬或羞愧時，你就無法繼續前進。因爲這些情緒本身就是對自己的評判，它們會阻礙你看清自己內心所投射出的陰影。評判自己時，我們會開始防衛自己；如此一來，我們便無法在過程中保持客觀。本書及陰影功課的過程要求我們以輕鬆的心態來面對。如果你過於在意自己的形象，或執著於維持現狀，那麼你將停滯不前。沒錯，說來容易做來難，但你可以試著換另一種心態——將這個功課當成一場遊戲；想像自己是在揭露眞相的偵探。此外，要願意自我嘲解，讓那些隱藏的寶藏（痛苦與陰影）見光。當然，這是必須謹愼以對的（如果你曾傷害過他人，而揭露這段過去可能會再次撕裂對方的傷口，那麼請別這麼做。相反的，你應該私下尋求專業人士的協助，讓自己從這種痛苦中解脫，並確保以負責任的方式處理它）。

練習：為了幫助你練習不評判，你可以試試這個方法。當你發現自己要評判某件事時，對自己說（如果可以的話請大聲說出來）：「這既不好也不壞，它只是存在。」要經常這樣做，並注意你如何開始軟化對自己和他人的看法。只要做得正確並持之以恆，你將開始變得更有同情心。**另一個練習是**：當你發現自己在評判時，只要對自己說：「哦，我又在評判了。」一旦我們成為觀察者，我們就會停止評判自己而僅是觀察自己的評判。

學會留意自己關注的事物，你將開始了解自己的心，以及自己是如何造成當前的處境。舉例來說，如果你發現自己在批評其他家長，或許你應該回過頭來檢視自己養兒育女的感受。如果你用「富到流油（filthy rich）」之類的詞語來批評有錢人，那麼你可能是將自己的匱乏或財務上的不安投射到他們身上；你批評他們賺得盆滿鉢滿，而不是回過頭來直面自己內心的失望。如果你認爲丈夫懶惰或妻子不負責任，這些評判很可能反映了你所持有的某些信念，而它們可能是來自你的原生家庭。

當你學會留意自己口中說出的話、應用我在本書中提出的原理，你將學會解讀那些導致你個人不適的證據跡象。你不可能一邊持續評判，一邊還會感到舒適自在。評判會令你感到沉重；但如果你願意的話，它將引領你向內看，並讓你看見自己的人生有多少是這種習慣造成的。

隨著時間的推移，你將學會解讀自己的評判跡象。評判是揭開陰影的線索，特別是當你的評判是伴隨著能量和情緒時。

以下是一些能幫助你發現自己的陰影的評判例子：

- 你會評判抽菸的人嗎？問自己：你（或你的父母）曾經抽菸嗎？當你反思時，你會看到這些評判的根源。
- 你會評判那些你認爲懶惰的人嗎？你是否曾質疑過自己的企圖心，或覺得自己缺乏企圖心？
- 你是否總是指責別人只想到他們自己？事實上，你是否也是過度關注自己的人？

• 你是否總是覺得別人傲慢又自大？如果是，你的內心是否也是如此？

• 你是否遇過某個人，你覺得對方總是自以爲無所不知地高談闊論？而你的內心是否也住著一個「萬事通」？

• 你是否曾批評別人愛說八卦，而你自己卻在背後說那個人的八卦？

責任感——改變的超能力

自己擔起責任，你就取回個人的力量；如果只會責怪他人或自己，你就會立刻陷入懲罰、內疚和羞愧之中。唯一能超越痛苦的眞實力量，正是來自於我們願意承擔責任的態度。每當我們爲自己的人生和體驗負起責任，這股力量便會被激發，並且是呈指數增長。除非我們承認並認識到自己在創造痛苦中扮演的角色和責任，否則我們無法從任何的痛苦或苦難中獲得療癒。當我們爲自己的體驗負責而不再歸咎於他人時，我們會發現自己內在的決心和改變的力量，因此我稱它爲超能力。相反的，如果我們繼續那種指責、吹毛求疵的習慣，那就無異於不斷地把自己的力量交出去。因此，爲了保持自己的力量，你就必須選擇將生活中的一切看成是你的人生的反映，同時也是了爲你好而運作的。

這種從「人生之事發生在我身上」到「人生之事是爲了我好而發生」的態度轉變，將使你開始以不同的方式來看待所有你抗拒的人。

我曾在我的陰影課程中看到一些人，有時候他們在試圖擺脫陰影的同時，卻仍保持著責怪他人的心態。這一直都是一種挑戰，而這種心態永遠不會帶來好的結果。做功課時，你要留意自己是否將痛苦和不適歸咎於自己以外的任何人。你要將這種反應視爲一種警訊，它是在提醒你要回頭檢視自己。

你可能會納悶，那些在童年遭受虐待的人，他們要爲自己的經歷負什麼責任？在這種情況下，我們鼓勵你對自己現在如何回應這些記憶負起責任，而不是對虐待本身負責，畢竟虐待這種事是無法被容忍的。你無法抹去已經發生的事；但你可以改變對它的看法，使之變得可以應對。

爲了從虐待的痛苦中解脫，我建議作出這樣的區分。受害者與被虐待者之間是有區別的。許多人是受害者（這可能是發生在你身上的事）；然而當你認定自己是受害者時，會有兩件事發生：

一、你在認同一個可能讓你困在痛苦和苦難中的標籤。

二、你讓自己失去了尋求解脫的力量。

我們這些曾經遭受虐待的人無法改變已經發生的事，但我們可以不再用一種貶低自己並帶來持續痛苦的方式來看待自己。

責任的另一個面向是問責。接受問責是承擔責任的一部分。當你開始接受問責，你就再次提升了自己創造理想生活的個人力量。

此外，關於責任還有另一個稍微複雜的部分。我們已經提到一個事實，亦即我們創造了自己的世界和現實。在本書的練習中我們已經表明，我們鼓勵你利用我所提供的腳本來讓你輕鬆上手。但最重要的是要了解，你的世界是你的言語創造的，無論這言語是說出來的還是靜默的；換句話說，你那些未說出口的想法，也能像你說出的話一樣威力強大。

你透過這些說出口和靜默的言語創造，而如何看待及命名這股力量是由你自己決定的。對某些人而言，它可能是上帝；對另一些人來說，它是能量；對其他人而言，它則與量子場有關。沒有哪一種看法是對的，也沒有哪一種看法因此就是錯的。事實上，我們每個人都在與這股存在於萬物背後與萬物之內的力量，各自建立起自己的連結。

這個概念不容忽視。你是一具行走、思考、說話、感受、做白日夢的機器裝置。這些內在活動無時無刻不在與宇宙進行直接的交流。那麼，這與陰影功課又有什麼關聯呢？答案是，倘若你的生活沒有培養出對這種共同創造過程的覺察，而是整天不斷地批評自己或他人，那麼你其實就是將力量交給那些說出口的話和靜默的言語。

我來講個故事。

［故事時間］

約翰：欠缺覺察的女婿

約翰是我輔導的個案，他與他的岳母相處上有問題。從各方面來看，他的岳母是個安靜、慷慨又可愛的人。但約翰看不慣的是，當岳母來家裡長時間探訪時，她從來不會幫忙擺放餐具或清理用餐後的碗盤。這令他非常困惑，因為在他的原生家庭，每個人都會參與餐前的準備或餐後的清理工作。

約翰與岳母相處時，往往覺得她對他很冷淡；他不明白這到底是怎麼一回事，因為他從來沒有大聲表達過反對的意見。此時我告訴他，我們是如何透過說出口和靜默的言語共同創造了我們的世界。在聊了一會兒之後，他意識到自己一直在對岳母的行為進行評判。雖然這些評判並未以口頭的言語表達出來，但他卻在默默地傳達自己對她的不滿。

我鼓勵他停止對岳母的評判，相反的，他應該看看自己是否有時也會沒有出力幫忙或不參與做事。大約在他開始練習自我探問和不評判的一個月後，我們再次談話。突然間，他與岳母的關係品質完全改變了，竟然從怨恨轉變為充滿愛的接納，而這也反過來改變了他和岳母的行為。他意識到這種關聯性，但還是忍不住想知道這是否只是一種巧合。因為他想理解，內在的改變是如何引發不同的外在結果。

我們的生活遠比想像中更深刻地反映著我們的內在世界——我建議你稱它爲你的內在景觀。簡單來說，你無法改變那些你不願意承認的事物。因此你要練習澈底的誠實、說出你看見的一切、爲當下的現況負起責任，然後透過這個練習，你將開始啓動內在的改變力量。

在結束這一節之前，我想清楚地說明爲什麼我鼓勵你負起責任，而不是將責任歸咎於他人。責怪本質上就充滿了評判、指控，以及對當前的體驗的否認；責怪是把事情推到自己之外，事不關己；責怪使你不會有犯錯的感覺，因爲既然那是別人的錯，它就不是你的錯。

然而，這種感覺是極具誤導性的。如果你對自己誠實，你就會知道眞相。你不可能一邊責怪他人，一邊還指望你能發現自己的陰影，並進行你的陰影功課。根據我輔導個案的諸多經驗，我不得不持續鼓勵他們對自己澈底的誠實，並對發生的一切負起責任。對許多人來說，這是很大的掙扎。這裡有個小提示：**談論你的掙扎時，如果你總是提到別人的名字來進行這個陰影功課，那麼你其實是在轉移自己的注意力而遠離你的解脫。**唯有當你停止責怪他人，並承擔起那些事實上是你自己的責任時，你才能明明白白地療癒你的陰影。

責怪總是使人失去力量，並且會消耗掉你的個人精力和能量。要清楚地聆聽自己說出的話和內心的想法，並在自己將要責怪他人之時及時察覺。

陰影功課 1

列出你聽見自己想責怪他人的事。最重要的是，在寫出來的過程中你要去感受自己的身體。若在責怪他人的同時，你也在注意自己的身體信號，你可能會感受到一種能量的損耗。

例：我們夫妻溝通不良都要怪我老公。
我的朋友老是遲到，所以只要跟她在一起我也會遲到。

針對上述每一句陳述中你所責怪的人，問自己這個問題：我因＿＿＿＿之事而責怪＿＿＿＿，犧牲了我多少的能量和個人力量？

那件隨著發現陰影而來的解脫關鍵就在於自我負責。稍後我會討論我們承擔責任的三種方式。這項練習需要極大的堅強勇氣與承認的力量，而你早已擁有比你想像中更多的力量。

身為透過陰影和寬恕的功課來為自己的人生負責的見證人，我已經從一生的自我批判與恐懼中解脫出來。我親自走出了原生家庭帶來的羞恥感——從酗酒的父母、性虐待，到出身於低收入、未受教育的家庭——我已超越了這一切，不再將自己視為一個受損、不值得、不可愛、沒價值、沒受教育、愚笨又缺乏遠見、欠缺創造力與心智紀律的女人。眞討厭，成長往往是發生在你願意澈底誠實地承認你對自己的看法，並選擇如何調整自己的意圖來獲得自由的那一刻！我以前對自己的看法是源自於當時的有限理解，而過去我對自己的種種評判，如今已經變成疼惜自己與愛自己。

然而那無處不在、藉著我顯現的天能（我對上帝的稱呼），始終牽引著我的心靈與心智，不斷讓我想起自己是誰，並提醒我規畫回家的航線。我爲自己內在的導航系統設定了回歸圓滿的方向，而這趟旅程至今仍在繼續著。本書是你規畫回到自己的完整狀態的航線的機會，也是引領你回家的指南。

承擔責任的三個面向

一、我們爲創造人生及人生中的一切負起責任。但請不要將「負責」與「承擔過錯」混爲一談。如果你的人生曾遭受創傷，這並不代表那些受虐的傷害是你的過錯，況且現在也不該那樣想。請塡寫以下的聲明來作爲你的承諾：

今天（日期），我開始爲創造自己的人生負起責任，從而療癒自己的傷痛。我的作法會是溫和又認眞的。我會謹記：要從自己的故事中解脫，首先必須承認它們。

二、我們爲自己如何回應人生及發生的任何事負起責任，不論這些事是自然降臨在我們身上，還是我們主動造成的。我們要培養明智地回應的能力，即使是在我們感覺受害時也一樣。我們無法改變過去已經發生之事；但透過不帶評判地對自己的反應負責，學會發現陰影將變得更容易，而我們也會開始變得強大又自由。請填寫以下的聲明來作爲你的承諾：

今天（日期），我要爲放慢腳步、深思熟慮、謹愼地回應自己的衝動和反應負起責任。我要練習不評判自己和他人，並在心中放過所有人。我已準備好看清這個陰影是如何形成的，並準備做出改變。

三、隨著陰影功課的展開，我們會變得更加覺察，並選擇透過有意識地說出自己渴望的意圖，來爲未來的人生負起責任。請填寫以下的聲明來作爲你的承諾：

今天（日期），我選擇提高自己的覺察、留意自己的行爲，並記住我是透過想法和言語共同創造自己的世界。我會持續專注在更新及擴展自己的理解。我會有意識、有覺察力又充滿力量地共同創造。

承擔責任是絕無例外的。然而，隨著我們承擔責任，療癒也會發生。你無法療癒那些你不願事先承認的內在問題。這趟旅程就是如此。

以下是一項額外的練習，它能幫助你培養願心，並爲更多的自由創造空間。我們來爲你的信念升級吧。

陰影功課 2

例：我要為在學會成為更好的母親之前的母親角色負起責任，並讓自己寬恕及被寬恕。

我要為＿＿＿＿＿＿＿＿＿＿

＿＿＿＿＿＿＿＿＿＿

＿＿＿＿＿＿＿＿＿＿

負起責任，並讓自己寬恕及被寬恕。

我要為＿＿＿＿＿＿＿＿＿＿

＿＿＿＿＿＿＿＿＿＿

＿＿＿＿＿＿＿＿＿＿

負起責任，並讓自己寬恕及被寬恕。

我要為

負起責任，並讓自己寬恕及被寬恕。

我要為

負起責任，並讓自己寬恕及被寬恕。

我要為

負起責任，並讓自己寬恕及被寬恕。

你是否感到挑戰重重？那是因爲這是用全新的觀點來看待你心中那些依然存在的痛苦。別害怕；這會變得更加容易又快捷。要知道，你是比那些痛苦和故事更大的存在。這只是過程的一部分。以下是接受責任的轉念方法。

我會在本書的每一章節提供轉念的肯定語，來爲你的完整性開闢一條新的道路。請大聲朗讀這些語句以達到最佳的體驗。

轉念練習 1

承擔責任

我是帶著覺察走在通往完整性的道路上。今天，我開始盡自己最大的力量，來爲自己的人生創造和流動負起責任。這種力量來自於我的專注與決心，使我能重新接納那些過去被我否認的部分。

爲此行爲負責使我更有力量。是的，我願意爲自己的人生創造，以及我對它們的反應負起責任。我對此毫無畏懼，因爲我專注在自己的完整性上，並且願意走過這段過程。

我懷抱著感恩的心，讓這新選擇的現實在當下展開。我讓它在此時此地自然地發生。

想像力與你的陰影

由於陰影功課是探索及整合那些隱藏的、無意識的部分，因此我們需要不同的方法來提升自己的覺察力，以理解那些存在於我們心靈深處的事物。在這個過程中，想像力可以成爲強大的工具。因爲它能讓你深入內心的世界，並用創造性和建設性的方式來面對你的陰影，同時激發你的大腦——當然，還有你的身心連結。運用想像力，以開放的方式來看自己的世界可以爲你帶來極大的力量。

以下是在陰影功課中運用想像力的五種方式。進行這些練習時，你的日誌可能會派得上用場：

一、**陰影的視覺化**：想像力能幫助你把內在的陰影視覺化。你可以將自我的這些部分擬人化，賦予它們面孔、名字和形狀。這樣可以讓你更容易與它們互動、理解它們，並將它們整合到你有意識的自我中。你的想像力能激發內在那些尙未開發的資源，這將有助於你與自己內在的部分建立關係。

二、**隱喻的探索**：富有想像力的隱喻和象徵，能幫助你以不具威脅性的方式探索你的陰影。許多導師會使用隱喻和原型來揭示陰影的眞相。這些場景或敘事代表了你的陰影面向，你可以用想像力來象徵性地與它們互動。

三、**創意的表達**：想像力可以成爲創意表達的管道。透過藝術、寫作、音樂或其他創作，你可以將陰影外化並處理它們。這能幫助你洞察內在的衝突與情緒。如果你是詩人，那就寫下你的陰影；如果你是畫家，那就畫出你的陰影；如果你是音樂家，那就創作一首歌曲。任何用創意的方式來與陰影互動的行爲，都能使你更有力量地削弱陰影對你的掌控，並讓自己掌握改變與轉化的主控權。

四、角色扮演與對話：你可以利用想像力來與自己的陰影進行角色扮演或內在對話。透過與自己的這些面向進行對話，你能更清楚地了解它們的動機、恐懼和渴望，這對整合的過程來說至關重要。

問自己的陰影諸如以下的問題：

- 陰影，你需要我知道什麼？
- 陰影，你出現的原因是什麼？
- 陰影，你要帶給我什麼禮物？

五、未來的自我探索：想像力能幫助你設想整合陰影之後的自己。你可以觀想你想要成爲的人。這個願景可以爲你的陰影功課提供動力和明確的目標。這種積極的觀想可以作爲你個人成長的指引。首先第一步，是想像你與自己的陰影共舞。一開始，陰影會帶著你走；但隨著你停留在這個想像中，最終你會成爲主導者。

想像力是人類轉變的過程中特別有價值的工具，更具體來說，它對於你在陰影功課中重新創造自己的能力至關重要。因爲你需要用想像力來創造新的現實。想像自己是自由的有助於你的共同創造。而它之所以有效，是因爲你的大腦根本無法分辨「現實」與「想像的現實」。當你想像自己所選擇的現實時，你的大腦會把你想像的當成事實來反應，並發送信號與荷爾蒙來助你一臂之力。這就是有意識的白日夢的美好之處。我們爲自己開創了一條自我探索的新道路。

解讀陰影線索

在整本書中，我不斷地談到你的情緒反應，並鼓勵你學會解讀你的身體，因爲你的身體從不說謊。發展這種技能以及書中的其他許多教導，將爲你帶來遠比陰影功課更多的益處。如同之前說的，覺察具有療癒的作用，但它必須要有方向。光是覺察並不會把你帶向你想要的結果，而是必須結合你的覺察與你選擇如何集中這份覺察。

這可能是整本書最重要的部分，因爲你這輩子可能一直都無視於自己的反應和身體的線索；你可能直接忽略它們、爲它們辯解，或是藉由吃喝玩樂或轉向其他物質追求來分散自己的注意力。

外在世界反映了你的內在世界。你的內在思維、信念和制約一起構成了你的世界觀。如果這個世界觀是窄小的，它就會讓你處於因果關係中，亦即你會深陷在對世界的一切刺激的反應性回應；如果你的世界觀是更爲寬廣的，那麼你就會對創新的想法和啓發抱持更開放的態度。

你這具身體在你母親懷孕之時便已受到了制約。從你還是胚胎時開始，你的身體就在形成它的世界觀。你母親在懷孕期間所經歷的一切，對你有著一定程度的影響。科學已經證實，從胚胎形成的第八週起，它就會對外界的刺激作出反應。從母親受孕的那一刻起，你便開始成爲你自己，而你的思維是後來才出現的。

你的身體透過大小不一的身體反應在跟你對話。如果我們只重視大的反應而忽略那些幾乎察覺不到的小反應，那就是怠忽職守，因爲那些小反應其實是在告訴你某些事情。如果長期忽視這些小反應，它們可能會變成更大的反應，並帶來健康的問題。我們要覺察身體來作爲臨在的一部分，並懷著愛與好奇心來傾聽。要懷著愛，是因爲這整本書的重點就是要對自己溫柔；要懷著好奇心，是因爲好奇心能讓你保持開放的態度來了解自己。

身體的反應會以多種方式表現出來。以下是你的身體有話要跟你說的一些例子：

- 頭痛
- 手心出汗
- 肌肉緊張
- 高血壓
- 焦慮和焦慮反應
- 想要逃離某人／某個情境（逃避的需求）
- 保護自己的衝動（戰鬥的需求）
- 突然僵住，不知道該說什麼
- 立即的強烈反應（可能表現爲憤怒）

- 覺得受困或走投無路
- 莫名地感覺疲憊不堪
- 排便困難（緊抓不放的身體表現）

以上是你的身體跡象的一些例子。它展示了身體想要跟你說話的各種表現，因爲那正是它的說話方式。與其服用止痛藥來擺脫頭痛，不如先停下來問自己：「**我有什麼感覺？我錯過了哪些線索？我需要知道什麼？**」這種即時的探問能使你覺察情況，甚至可能讓你擺脫頭痛。

有時候，我們的身體訊息是既安靜又難以解讀或認眞對待的，畢竟它們極爲細膩，或是因爲我們才剛開始練習聆聽它們。但若能仔細留意這些微小的信號，它將有助於你主動積極應對，並培養出聆聽身體聲音的能力。你對這些微細的變化越敏感，就越能憑靠自己去察覺它們。

當身體作出反應時，就停下你正在做的事，並問自己以下任何一個（或所有的）問題：**發生了什麼事？我有什麼感覺？我剛才錯過了哪些線索？我需要注意什麼？**如果當時你身邊有其他人就會比較麻煩，因爲你必須不理會那些想將責任推卸給他人的誘惑。若你想成爲出色的靈性人士，那麼你應該向內探尋而不是向外尋找原因；你應該自己負起責任而不是責怪別人；你應該感謝對方（你的陰影）將箭頭指向你自己。

利用以下的表格來練習認識自己的反應：

當我感到生氣時，我往往會	當我感受到威脅時，我通常會	當我感到害怕時，我的反應是	當我感到興奮時，我會	當我需要安慰時，我會	在我缺乏自信之處，我往往會	當我感到尷尬時，我會

重建大腦迴路來支持陰影功課

在陰影功課中，有一種重建大腦迴路的簡單又有效的練習——它涉及到寫日誌、自我反思和重複——那就是大量的重複。你爲了陰影功課所做的任何練習，都將在生活的諸多方面爲你帶來益處。因爲整個過程大致都是一樣的，但你可以將焦點放在任何你選擇的事物上。

以下是這個練習的步驟：

一、**設定專門的練習時間**：找一處安靜舒適、不受打擾的地方。每天或每週抽出特定的時間來進行練習。

二、**正念呼吸**：先進行幾分鐘的正念呼吸來收攝身心。閉上眼睛，做幾次深呼吸，將注意力集中在鼻子的出入息上。

三、**反思自己的情緒**：想一個困擾你或令你感到不適的情緒或問題。它可以是重複出現的負面情緒，或是引發強烈情緒的特定事件。花一點時間來識別及命名這個情緒。

四、**寫日誌**：打開你的日誌或電腦上的空白文件，開始自由地寫下關於這個情緒或問題的想法。讓自己的思緒自由地流動而不加以評判。寫下你感受到的情緒、引發這些情緒的情境，以及你覺察到的任何相關記憶或模式。要儘量誠實地詳細書寫。

五、**挑戰自己的信念**：寫完關於情緒或問題的描述後，回頭看看你所寫的內容。問自己，是否有任何潛在的信念或假設導致這些情緒的產生。例如，你是否將自己的陰影投射到他人身上？你的反應是否是源自於某些未經檢視的恐懼或過去的創傷？

六、**正向重構**：一旦發現了這些信念，就要開始進行正向重構，亦即用更具建設性和同情心的想法，來挑戰那些負面或自我設限的思維。例如，如果你發現自己把不安投射到他人身上，那麼就重新構思這一點，提醒自己你是有價值的，並且他人可能並不像你所想的那樣苛刻地評判你。

七、**感恩與疼惜自己**：在日誌的最後，寫下幾件你感激的事，並認可自己在陰影功課中的進步。要疼惜自己，並提醒自己成長是一個過程，有隱藏的面向或犯錯是很正常的。

八、**重複**：將寫日誌列爲你的例行公事。隨著時間的積累，它可以透過增加自我覺察、挑戰負面的思維模式以及促進自我接納，來幫助你重建大腦迴路。無論是重建哪一種迴路，重複都是最重要的練習。

藉由持續寫日誌和自我反思，你可以逐步重建自己的大腦迴路，從而更能覺察及整合自己的陰影面向，並發展出更健康、更真實的自我與他人的關係。

用獎勵來重建大腦迴路

在閱讀本書並進行陰影功課的過程中，無論是簡單或困難的部分，有時候你會覺得自己像是在乘坐情緒的雲霄飛車。但請記住，這一切都是值得的，因爲最終你將獲得深遠的益處——內心的安寧、平靜、美好的人際關係、健康、幸福、愛和自由。這些收獲難道不值得你走上這條道路、經歷這些感受和投入這個功課嗎？我在這趟旅程的第一週就向你提出這一點，好讓你能爲自己的獎勵做好準備。

簡而言之，我們正在把**對陰影功課的恐懼**轉化爲：「我喜歡處理自己的陰影。這感覺很好，而我也喜歡這些獎勵。」

在《愛的陰影功課》中，我會不斷地提醒你，要懷著諸多耐性和愛自己的態度來進行這個功課，並且不要因爲自己所發現的一切而評判自己。在這個過程中，我曾不得不面對一些灼熱的傷口。每當我撕開情感的傷疤，揭露那些令我懊悔的記憶時，如果不是因爲我始終專注於自己進行陰影功課的理由，以及它所帶來的獎勵，否則我可能早就停下來了。（我們會在稍後的章節探討你的「理由」）

對我而言，若這場烈火的洗禮能帶來更大的自由，那麼我願意義無反

> 游刃有餘是對那向內看、
> 永不被外界事物分心之人的獎勵。

顧地穿越其中。那是什麼樣的自由呢?選擇我內心與靈魂眞正渴望的方向的自由。

進行這項功課時,爲自己建立一套獎勵機制,絕對可以讓你蒙受其益。將陰影功課與獎勵聯繫起來至關重要。爲什麼呢?因爲這與重建大腦的迴路息息相關——從逃避艱難的功課,到接受這條通往喜悅、樂趣與獎勵的道路。重建大腦的迴路不會在一夜之間發生,它需要你投入時間和專注力,並且每個人的歷程都不盡相同。

我會在下面列出一些簡單易行的建議,但當然,你也可以發揮自己的想像力、留意哪些事物能帶給你喜悅,並將這份喜悅當作你對自己完成這個功課的獎勵。這些獎勵必須是健康的,儘量避免使用酒精、藥物或買東西(亦即「購物療法」)來作爲獎勵,同時要一如既往地注意身體的信號——緊張感所告訴你的是與平靜感截然不同的現實狀況。

重點就是:想要進行這個功課,就建立一套能支持你的獎勵機制。

獎勵自己

- 每當你發現並直接面對一個陰影。
- 每當你完成每週的功課。
- 每當你在陰影功課中練習寬恕。
- 每當你明顯地展現出更少的評判而帶著更多的好奇心。

- 每當你發現自己開始用耐心與理解來取代憤怒與自以爲是。
- 每當你看到某個關係因爲你的努力而發生轉變。

獎勵日誌：你希望因為什麼而獎勵自己？

列出三至五件你想獎勵自己的事。

可以考慮的幾種獎勵

- 坐在安靜的地方，喝一杯美味的茶或咖啡來獎勵自己。儘量避免用糖果、碳水化合物或酒精作爲獎勵，以免在大腦中加深這樣的連結。

• 在大自然中散步。大自然具有療癒的功效，定期讓自己沉浸在大自然中。
• 聯繫某位有一段時間沒見面的朋友，約對方一起出來吃頓飯或散步。
• 寫一本獎勵日誌，這本日誌的唯一目的是列出你喜歡、引以爲榮和欣賞自己的事情。
• 用過去的照片製作拼貼圖——只選擇那些能引發美好的感受，或能反映你追求的目標的照片。在一段時間內持續添加這些照片。記住，每一張照片都必須能引發你內心的快樂感受。
• 與值得信賴的朋友分享你的成功。這不僅是親密交流的美好方式，同時也是自我慶祝的成果，以及示範良好的健康行爲的機會。
• 如果你一直想買某樣東西，但因爲價格而下不了手，那麼你可以設立一套獎勵系統來幫助自己買下它。不過，設立這套獎勵系統必須謹慎和負責任，因爲你絕不會希望這樣的獎勵反而給自己帶來額外的財務壓力。

獎勵日誌：列出你在中間幾週可能給自己的小獎勵。

獎勵日誌：現在選一個在完成所有的功課後，你會感到開心的獎勵。這是你在達成自己承諾的時間投入，或完成你設定的情感目標後給自己的獎勵。（別忘了，陰影功課是永恆的旅程，而這個目標只是眾多目標中的一個。）

從關係中發現陰影

當我們把自己不認可的那些特質或未解決的問題，投射到伴侶或摯愛的人身上時，陰影往往就會在關係中暴露出來。舉例來說，如果我們對自己的能力感到信心不足，我們可能會無意識地把這些感受投射到伴侶身上，而將他們的行爲或話語解讀爲在批評或指責我們，即使他們實際上並無此意。這種投射可能導致誤解、衝突和情感上的疏離。此外，如果我們壓抑自己的欲望和需求，我們可能會在無意中期待伴侶來滿足它們，因而帶給關係過多的壓力。藉由覺察自己的陰影並積極地整合其因素，我們就會更了解自己的觸發點和反應，從而幫助我們更有效地溝通、解決衝突，並建立更健康、更眞誠的關係。

接納陰影不僅與自我接納有關，它同時也關乎在關係中培養同理心與同情心。它能讓我們認識到自己與他人內在的複雜性，從而對人性有更深刻的理解，並與摯愛的人建立更和諧的連結。當我們認可並著手處理自己的陰影時，便能爲更健康、更有彈性、更令人滿足的關係鋪好道路。

我在本書中一再地提醒大家，整個陰影功課都是內在的事，而我們越早爲自己的人生負起責任，就越能掌握改變的力量。雖然你選擇這趟旅程是內在的事，但關係的崩壞——與家人、朋友、鄰居，尤其是同事之間的緊張與爭執——往往是我們需要注意的徵兆。因此，儘管這個功課是內在的事，但你周遭的跡象會指引你該看向哪個地方。

你那些被潛抑和排斥的部分總是會投射到他人身上——這就是我們要檢視人際關係的唯一原因。我們的功課不是去改變生活周遭的人——除非我們處於不安全的狀況而需要作出健康的決定——也不是把別人逐出我們的生活，或是遠離那些麻煩的人（亦即所謂的「地理解決方案」）。從無法解決的關係中逃離並無法療癒其內在的肇因。稍後我們會討論照顧自己和健康的界線的必要性，這與逃離我們的工作、婚姻和友誼有著顯著的不同。

倘若你習慣逃避那些充滿挑戰的關係，認定它們永遠無法改善；或是因爲覺得老闆很愚蠢而辭職，結果還是遇到另一個蠢老闆；那麼你只是在將自己的力量拱手讓人。你其實是把力量交給了外在的人和環境，而這並不是長久之計。它或許能讓你暫時喘一口氣，但終究是無法持續的。

大多數人從未受過向內探索、療癒與轉化的訓練。我們在無意識中被養成一種習慣，總是認爲問題出在別人身上。新聞和政治到處充斥著相互指責、推卸責任的言論；這種現象不僅發生在地方，同時也出現在國際之間。這就是爲什麼全球始終無法找到我們所追求的和平。你明白這一點，也看到了這一切；但你可能早已被這個社會催眠，而這個社會本身也未曾覺醒。直至今日，我們才開始在文化層面上使用「不評判」和「責任」之類的詞彙。事實上，這些概念早已存在於東方的傳統中，而西方世界卻遲遲未能採納它們。但現在該是時候了。

人生的重點就是人際關係，它們是我們檢驗自己在靈性和情感上的成熟度的試金石。只要你仍將責任推卸給周遭的人，和平就無法實現。不過也有例外。這些例外是指那些曾經發生過虐待和忽視的情況，尤其是在你的童年。這些關係及其帶來的創傷必須用不同的方式來看待和處理，並且要帶著極大的同情心。最重要的是，你只需爲自己的部分負責，而不必爲關係中的另一方背負責任。這之間有一道微妙的界線，需要某些訓練才能加以掌握。

要有勇氣，將每一段關係——尤其是那些充滿挑戰的關係——都視爲找回自我的契機。關係越艱難，就意謂著你在對方身上投注的情感越多，而當你認可陰影、在合適的情況下予以寬恕，並將那些曾被你排斥的部分重新完全整合回到自身時，你所獲得的價值也就越大。我曾親眼見證，人們透過陰影功課，他們的生命發生了奇蹟般的轉變，那些曾讓他們痛苦不已的關係也因此煥然一新。這往往看起來像是對方變了，但其實是你變了——是你重新詮釋了這段關係、承擔起責任，並取回了成長爲更完整的自我所需要的力量。而完整性就是我們的目標。

除非你獨自住在山洞裡，否則你一定與某人處於某種關係；就算你住在山洞、遠離人群，你仍然與周遭的環境處於某種關係。而關係正是我們最容易覺察自己的陰影的地方。傾聽與你有關係的人的無聲或有聲的評判，是發現自己的陰影最直接的途徑。在關係中注意自己內在的反應與思緒，能讓你的理解更加深入。

如果你曾深深愛上一個人，你一定知道那種陶醉的感覺——彷彿整個世界都是美好的，你與所愛之人也一切幸福美滿。戀愛初期，欲望會完全蒙蔽你的眼睛。然而，隨著時間的推移，你開始從癡迷的盲目醉態中清醒過來，並開始眞正與伴侶——你的陰影與對方的陰影，甚至是多人的陰影——進行互動。這一過程同樣適用於多重伴侶關係。

在成長的過程中，你在家庭中所目睹的一切，塑造了你對於人與人之間的關係的世界觀，無論它是充滿了愛與友善，還是充滿了憤怒與傷害。如果你從未透過心理治療或其他支持系統來療癒早年的創傷，那麼毫無疑問的，過去的一切正在影響你現在的生活。你與你的伴侶正活在彼此的陰影裡。倘若你們能一起投入陰影功課，你們的關係就會變得更有力量。

說白一點，當你與某人處於某種關係，而對方的一言一行足以讓你失去平衡，這就表示有陰影存在。你的反應越強烈，代表這個陰影越深、越痛苦。當你表現出無法控制自己的反應時，這無疑是必須進行陰影功課的明確跡象。

如果有人罵你或指責你的某種行爲，而你會立刻予以反駁，那麼你就是在面對一個陰影。聽好了，你可別太驚訝，因爲接下來的話你可能很難接受：你之所以會對批評作出反應，是因爲你內心有某個部分贊同了這個批評所說的；也許在意識的層面上你並不贊同，但你內心有某個部分在某種程度上是贊同這個說法的。比方說，如果我走到你面前說：「我眞的很討厭你的紫色頭髮。」而你的頭髮是棕色的，那麼你可能不會有任何反應，儘管你可能會納悶我到底在說什麼。但如果我走到你面前說：「你眞是無知又天眞。」而這引發了你的情緒反應，那麼這就暗示著你可能也覺得自己無知又天眞。

你的反應總是透露著你內心深處的信念，我們不應該否認這一點，並且毫無例外。這就是爲什麼我們會將身體的覺察視爲靈性上的修行。當你提升了對身體覺察的敏感度時，留意那些細微的反應也會變得至關重要。肩膀緗緊、胃痙攣、雙臂交叉，這些都可能是重要的線索。別忘了，身體從不說謊，它總是直接又即時地回應你的內在狀態。

如果你的反應強烈又頻繁，卻不知該如何是好，那麼你可以：

- 對自己說：「誒，你看，看看我的反應，我眞想知道……」
- 保持輕鬆與好奇心。
- 當你用好奇心取代評判，陰影對你的掌控便會開始鬆動。
- 如果你對某些話產生強烈的反應，這顯然表示有必須處理的功課。
- 如果你的反應是若無其事、甚至毫無感覺，這可能表示你已經與那種評論沾不上邊。
- 逃避某種情境可能是最明顯又最具影響力的跡象，顯示你背負著某種必須療癒的傷口；如果不加以處理，你將永遠受其擺布。
- 若你曾出於反應而衝動離職，那麼你就應該注意了。

雖然我們已經討論過爲自己的人生負起責任的力量，但我想再次強調這個觀點來讓它更爲明確。你的陰影是專屬於你，它是你的創造。它是你一生中爲了生存而作出的決定——可能是歷經數百、數千甚至是數百萬次的決定——所造成的結果。而那些讓你產生反應的人，其實已經成爲你的創造的一部分。

如果你和我認識同一個人，但你覺得這個人很煩，而我卻覺得他很有趣，那麼誰是對的？他到底是煩人，還是有趣？事實上，你的看法並不能決定這個人是什麼樣的人，就像別人對你的看法也無法決定你是什麼樣的人一樣。**眞正重要的是你的感受、你的看法、你對這個人或情境貼上的標籤，以及你的反應。你的反應及其伴隨而來的情緒，才是値得你留意並從中成長的養分。**

因此，表面上看似是某個人引發了你的情緒，但事實並非如此。當某人看似左右著你的情緒，但其實他們並沒有——唯一眞正左右你的人是你自己。這些人出現在你的生命中，是爲了讓你回頭看自己，並召喚那些被你排斥的部分回家。那些看似令人惱火的人，其實是你生命中的天使。透過你與他們的關係，你可以變得更加完整。你必須用這種觀點來看待他們。如果你選擇不認同這種觀點，那麼這樣的關係還會在你心中持續好幾年，並且永遠無法療癒你陰影中的這一部分。

陰影功課 3

寫信

我們來嘗試透過寫信來轉換觀點。我會在本書的不同章節中建議大家寫信，因為它是改變我們的觀點的一種美好又親密的方式。

在開始寫信之前，你必須先搞清楚幾件事：這個人的身上究竟是哪一點令你感到厭煩？當這段關係得到療癒時，你將獲得什麼禮物？這封信的目的是要建立一種你可以仰賴的邏輯思維，並確保你走上一條能夠提升和支持你的道路。

- 選一個經常令你感到厭煩的人。
- 坐下來寫一封信，感謝他們在你的生命中扮演的角色。
- 感謝他們讓你注意到自己曾經否認的某個部分。
- 為關係中任何具有挑戰性的部分負起責任，並感謝自己能處在這段關係中。因為沒有他們，你根本無法達到目前的完整狀態。

你也可以把這個人視為占位者。什麼意思呢？童年時，你可能經歷了一些令人痛苦的事。於是你的小我發展出一種應對機制，但這種機制往往無法滿足你內心對安全感的需求。於是你開始評判自己、排斥那個部分的自己，並將它投射到某個毫無防備的人身上，而這個人恰巧又表現出類似的特徵或特質。

他們就像是佇立在陰影下的占位者，等待著你去召回自己那些陰影的部分。有些關係會因此改善，有些則會結束。畢竟並非所有的療癒都需要我們與對方繼續維持關係。理想的目標是取回自己投入在陰影中的個人力量、療癒那些阻礙自己前進的因素，然後以健康的方式離開這段關係。倘若我們在療癒之前就選擇離開，那麼類似的問題將來還是會再次出現。唯一的例外是當你身處於任何形式的虐待之中。這種狀況下，你可以在下一段關係中再繼續進行你的陰影功課，千萬別讓自己陷入更多的痛苦與折磨。

從養兒育女中發現陰影

「現在的孩子到底怎麼了？」這句話是來自一首老歌歌詞，雖然年代久遠，但這種想法在今天依然常見。

談論孩子與父母之間的陰影功課，往往是整個對話中最不受歡迎的部分。這個議題充滿了情緒的地雷，而且說實話，如果你是父母，你很可能會想跳過這一部分的內容。

事實是，這些時而煩人、時而美好、充滿愛意卻也帶來挑戰的孩子，正是他們的成長環境（你們家）的反映。把觀察子女當成理解自身陰影的一面鏡子，確實是件很有趣的事，儘管這可能會令人感到痛苦。如今已經不是將所有的問題都歸咎於母親的時代；不可否認的是，我們每個人都深受童年成長環境的影響。你之所以成爲現在的自己，與你的父母或主要照顧者、原生家庭，以及早期的生活經歷息息相關，無論那些經歷是美好的，還是充滿了創傷。此外，你還承襲了來自祖先與文化的影響，這些烙印甚至深植在你的ＤＮＡ中。

我來分享親身的經歷說明這個概念。我有三個兒子。當我的第一個兒子出生時，我們深信他將來一定會成爲天才或靈性導師。他聰明伶俐、相貌出眾，開口說話的年齡也比一般孩子早，簡直就是我們的驕傲，所有人也都這麼認爲。然而，隨著他逐漸長大，那層光環開始褪去。這個美麗又隨心所欲的孩子，在許多方面都成爲一項挑戰。當時的我還很年輕，雖然想以自由開放的方式養育他，但我自己卻還不夠成熟。雖然我已經療癒了過去的虐待創傷，不會對孩子施加任何殘酷的對待，但我終究還是顯露出自己缺乏養兒育女的技巧。而我的兒子，正是我當時意識狀態的反映。

四年後，幾乎在同一天，我生下了另一個活潑可愛的男孩。這讓我的大兒子感到被冷落——當然，我並沒有眞的忽視他，但他覺得自己的世界發生了巨變。這個新生的孩子比較安靜、也比較乖巧，但在他一歲時，卻因爲罹患了脳脊髓膜炎而差點離開我們。爲了照顧他，我在醫院待了十天，我的大兒子不得不在家思念著我和我的關注。我的二兒子與他哥哥截然不同，因爲當時的我已經比四年前更成熟，意識也有所拓展；二兒子所反映的，正是那個較爲成熟的我。

十三年後，我與丈夫離婚了，並與另一個男人懷上第三個兒子。這時候的我已進入更成熟的年紀，並深入參與某個靈性玄學團體，而我也是在那個團體中學到了本書所闡述的許多概念。這第三個孩子出生之後，展現出一種深沉又穩定的平靜，並且對周圍的世界極爲敏感，以至於我們團體裡的人都稱他爲「小佛陀」。但這種標籤可能會對他造成沉重的負擔，所以我經常會請別人不要這麼稱呼他。此外，我也會讓他知道，他不必去擁抱任何他不想要擁抱的人，以免受到別人對他的想法或看法的影響。

我的孩子們各自反映出我在養育他們時的靈性與情感上的成熟度，隨著我的成長，我的養育方式也發生了變化。我常說，在我第一個孩子的成長過程中，「不行」的意思其實是「可以」；到了第二個孩子，「不行」的意思變成了「也許」；而到了第三個孩子，「不行」就眞的是「不行」。我相信，這在很大的程度上是與我個人的成熟歷程有關。

每個父母都希望自己能在養兒育女方面做到完美，但沒有人能眞正做到。我看著自己的孩子們，覺得他們很棒；同時，我也會回頭思考自己曾犯下的錯誤，以及有哪些地方本來可以做得更好——這些確實是合理又發人深省的問題，只是答案往往並不令人感到愉快。然而，由於我走過情感與靈性上的旅程，因此我清楚地知道，當時的我已經盡力了，畢竟那時候我的成長與意識的程度就是如此。隨著我在情感上逐漸成長與成熟，我也越來越能以更好的狀態來面對親子關係。因此，我在此爲自己養兒育女的方式負責；同時，我也會溫柔地對待自己，並寬恕自己的不足。

孩子反映出父母的樣子。他們會反映你喜歡、認同自己的部分，同時也會反映你不喜歡、不認同自己的部分，而這正是我們可以運用陰影功課中那些靈性修練之處。當你進行以下的練習時，請務必澈底的誠實——不是對你的孩子，而是對自己的內心。此外，記得去感受你的身體如何對這些練習作出反應。這些練習的方式如下：

找個時間靜下心來，懷著好奇與同情心、不帶評判地想想你的孩子。

你的孩子最突出的是什麼？

你注意到自己對孩子有什麼樣的反應？

好好面對自己所浮現的情緒或想法，並想一想你會用哪些標籤來形容孩子最令你感到挑戰（其實就是最令你惱火）的特質？把這些標籤寫出來以便追蹤。

將這些特質的名稱寫出來，並看看自己有什麼樣的情緒，從而深入自己對它們的覺察。

觀察孩子讓你對自己有什麼樣的了解？

在此，我們必須提出三個問題（本書稍後會進一步討論這三個問題）：

一、我剛剛寫下的那些特質就是我自己嗎？如果是，它們就是我的功課；如果不是，請進入第二個問題。

二、我曾有過那樣的特質嗎？如果是，它們就是我的功課；如果不是，請進入第三個問題。

三、我會對這種行爲/特質/特徵產生評判或反感嗎？

獎勵日誌：用一點時間寫下你的想法和反應。

這三個問題中的其中一個一定可以捕捉到你的困擾。現在，你可以根據自己的回答或反應程度決定這個陰影需要做多少功課。你可能只需要去愛那個反映在你孩子身上的內在小孩；你可能必須寬恕自己或其他在這段經歷中扮演某種角色的人；又或者，你可以單純地表示祝福，把出現在你生命中的一切當成禮物來接受，因爲只有透過這個問題的答案，你才能逐步邁向完全療癒並成爲完整的你。

除了你的小分身外，別再把你的孩子看成其他的東西。是的，如果你離婚了，而你的伴侶的個性總是在挑戰你，他們也是這個創造的一部分；這是共同的創造。

當你看著孩子時，要在自己的腦海和心中思考：

- 我需要去愛及接受自己哪些顯現在孩子身上的特質？
- 我批評過哪些其實也存在於我身上的行爲？
- 我需要寬恕自己哪些不成熟的行爲？

要懷著愛自己與疼惜自己的心態來進行這些探問。

這個探問是直截了當的，但它會引發一些反應。如果你的孩子有重大的問題，請在對他們或對你自己進行任何評估時要格外小心。別忘了要溫柔。倘若你的孩子有深層的情緒問題、恐懼，或在校園及平常爲人處事方面的行爲問題時，這個過程可能會非常痛苦，但請堅持下去。畢竟回頭看自己的內在小孩，總是可能出現痛苦。不要因此而退縮，並且務必要記住，那個獨立、堅韌、充滿自信的孩子也是你養育出來的。他們的所有特質都是你自己的反映。

請記住這一點：你的家族傳承，無論好壞都將成爲你的遺產，除非你療癒它。你是改變的推動者。當你接納自己的陰影並學會無條件地愛自己時，你便能打破痛苦的枷鎖。受傷的人會傷人，但療癒的人會去愛。成爲療癒的人吧！

我想告訴你，我所有的內在寬恕和陰影功課都幫助我與三個兒子建立了美好的關係。只要你投入陰影功課，它就會產生效果。現在採取這些步驟——尤其是在你的孩子有了他們自己的孩子之前——將來你會心存感激的。

在孩子的身上看見自己的陰影，你將獲得愛（純粹的愛）的回報。當你不受陰影阻礙地愛孩子時，你將與他們變得更爲親近。

肯定語：我願意把孩子視爲自己的一部分。我會按照孩子的眞實樣貌來愛他們，並且不再將自己的感受歸咎於孩子。

親子練習

在開始之前，請記住：我們處理的是你的意識和你內心對孩子的想法，而不是你實際的孩子。這個練習永遠只與你有關。你的孩子是天能的完美顯現，他們有自己的旅程，用紀伯倫的話來說就是：「你的孩子不是你的孩子，他們是生命的兒女，是生命對自身的渴望。」你不是在做他們的功課——那是他們到達一定的年紀並做好準備時要做的事。你是在處理自己的陰影及療癒自己。這是你自己的功課，不是和你的孩子一起做，也不是為他們而做。

步驟一

一、列出孩子最令你煩惱的面向。

二、列出孩子最令你惱火的行為。

步驟二

一、首先針對某一個行為／陰影，開始在心中問自己：我是那樣的嗎？我曾經是那樣的嗎？我對那樣的行為會產生反感嗎？舉例來說，如果你列出了「自私」，那麼就問自己：**我自私嗎？我曾經自私嗎？我對自私會產生反感嗎？**對每一個你列出的特徵都進行這個練習，並宣告：「我以誠實、揭示自我的回答來進行這個過程，並期待我的親子關係在愛中成熟與成長。」

二、談到孩子時，你必須在這練習的每個部分再問自己一個重要問題：**我覺得他們的行為如何反映出我為人父母的樣子？**仔細注意你如何回答這個問題，因為這將是你願意澈底誠實時最具啓發性的問題。

孩子的行為如何反映出我為人父母的樣子？

如果你按照這個練習進行，現在你應該對自己的親子關係狀況及其背後的原因有了更多的了解。你會開始看見，孩子正在給你「愛自己那些討厭和排斥的部分」的禮物。你和你的孩子都可以從中受益：因為當你開始愛那些討厭的部分並把它們帶回家，你將能把孩子視為個體來互動，而不僅是將他們視為自己的反映。

要注意：你的孩子畢竟還是孩子，他們仍在拓展自己、發現自己的力量，並看自己能做到什麼地步而不會遭受指責。差別就在於，你能從充滿愛與同情的態度來養育他們，而不會深陷在情緒的糾結中。當他們到了與你產生差異的年紀時，你便能更從容地面對他們的獨立。而隨著他們長大成人，憑藉著你所做的這些功課，當你無法認同他們的人生選擇時，你也能從容地應對。畢竟這是遲早會發生的事，並且出現的機會可能比你預期的還要多。

這就是為人父母的生活。即使我們深愛自己的孩子，也無法永遠與他們意見一致。做好情感上的準備並療癒你的陰影，將有助於建立更健康的親子關係。

獎勵日誌：在日誌中開始感謝每一個孩子，謝謝他們幫助你了解到自己的某個面向。感謝他們幫助你療癒及接納你否認的部分。你可以根據孩子的多寡，在常用的日誌上用更多的空間來寫下這些感謝。

改變你養兒育女的觀點

我以開放的心態和敞開的心靈，將注意力集中在自己爲人父母的角色上，並將注意力轉向我的孩子。我開始看到孩子在哪方面體現出我的樣子，以及我哪方面體現出孩子的樣貌。我不再因爲孩子的行爲而評判他們，也不再評判自己爲人父母的角色；相反的，我期待與孩子一起見證家庭的圓滿。我祝福自己的孩子，並將孩子視爲生命中的禮物而接納他們。我願意爲自己對他們造成的影響負起責任，並寬恕自己可能犯下的任何錯誤。

無論我的孩子是什麼樣子或不是什麼樣子，我都愛他們並接受他們；同樣的，無論我是什麼樣的父母或希望自己是什麼樣的父母，我也都愛自己並接受自己，並將這一切都包容在愛之中。我將此語交付宇宙智慧，並接受它成就此事。

寫信

無論你的孩子是嬰兒，還是已經長大成人並已擁有他們自己的孩子，寫一封信給每一個孩子，感謝他們在你生命中的角色。感謝他們幫助你看見自己必須重新承認的部分。在這封信中，表達你希望孩子成年後彼此除了父母與子女的角色外，也能在健康的親子關係中互相學習、愛護及成長。

將這些信封好，等他們長大成人或覺得時機合適的時候，再拿出來閱讀或是交給孩子。要用心地寫這些信；寫下它們是為了讓你設下保持覺察及投入其中的目標。這是一個促進健康、充滿愛的理解的練習。

提醒你的好時機

爲人父母是充滿挑戰又最有回報的角色。但它確實不容易；無論過去或現在，你都已經盡力了。透過這個功課，你可以用最美又最強大的方式轉變親子關係。你的家族傳承可以藉此轉變成一種建立在眞相與療癒的基礎上、充滿了愛與力量的遺產。

我們的最終目標是：按照孩子的眞實樣貌來愛他們，而非你希望他們成爲的樣子；無條件地愛孩子，即使他們與你有著巨大的差異。做好自己的陰影功課對此大有裨益，能讓你在養兒育女中以充滿愛的方式更積極地應對，而非被動地作出反應。

潛抑、排斥和投射的情感

人類的心靈和我們的內在景觀是龍蛇雜處的地方，在那裡潛抑、排斥和投射的情感交織在一起形成了我們的陰影。這些情感的影響可能非常深遠。當我們潛抑某些想法、情緒或記憶時，我們會將它們深深地埋藏在潛意識中，認爲它們是不可接受的或不符合我們的自我形象。這就是爲什麼展開這趟旅程時我鼓勵你不要評判，因爲你對自己和他人的評判正是造成陰影的關鍵。

這些被潛抑的面向可能會惡化，並透過陰影而影響我們的行爲和情感。由於這些情感是極爲無意識的，以至於我們的反應看起來好像非常意外，但那只是因爲你已經迷失了這些痛苦情感的根源所在。

另一方面，我們往往會排斥自己那些不符合社會或個人期望的面向，並將它們棄之如敝屣。如此一來，我們便會否認這些被排斥的部分，從而創造出一種支離破碎的自我感，而它又會透過其他人顯現出來，因爲我們已經將它投射到外面去了。發現並整合這些被潛抑、排斥和投射的陰影面向，是自我探索和個人轉化的旅程中至關重要的一步，因爲它能讓你邁向自己的完整性。

爲自己找出一種安全的方式來表達你的情緒，並釋放其中積壓的能量。如果你是父母，請幫助孩子找到安全的方式來表達他們的感受，而這一切就從不制止他們的情緒表達開始。你要肯定他們有權利感到不悅、生氣或害怕。如果他們年紀還小，就陪著他們一起度過這些情緒風暴；如果他們已經長大，就問他們需要什麼，並詢問他們是否希望你陪伴或是比較想要獨處。這是能帶給孩子極大力量的選擇，然後相信他們。

別忘了，是那些被你否認的情感帶你來到這裡。因此透過進行陰影功課並療癒這些創傷，你可以成爲孩子和其他人的榜樣，向他們示範如何去感受那些需要被感受的情緒，並讓轉化的過程得以進行。

這趟旅程你已經走得夠遠，足以明白我們越早對這個過程稍微保持客觀，我們的境況就會越好。畢竟這是一趟有著錯綜複雜的因果關係的旅程。

陰影功課與內在小孩功課

有些專家會將陰影與內在小孩視爲截然不同的功課。如果本書的重點是心理學而非靈性，我或許會提供相關的定義來區分它們。根據本書的宗旨，我們會把重點放在這兩種功課是如何交織在一起以及如何共舞。

心理學的基本知識告訴你，你是早期的童年經歷的產物，尤其是從出生到十歲這段時間。這是形成你的歲月，換句話說，這段時間內發生的一切塑造了你的內在本質與應對機制。

你的陰影會以多種方式顯現於外：通常是出現在工作場合或校園，當然也會出現在朋友和家庭關係中。你的陰影可能表現在你對某些事的強烈反應上，譬如瞬間翻臉或暴怒，或是陷入嫉妒的漩渦中……一旦你說出陰影的名稱並確定了相關的情緒感受，你往往就會想起早期的記憶。這些記憶來自你的童年，當時你可能目睹了某些事而受到創傷。這個孩子——你現在可以賦予這孩子一個年齡——感到害怕、困惑，並渴望回家。

在此，陰影功課與內在小孩功課相輔相成。這是你與那渴望回家的「童年的自我」對話的機會，而少了這個童年的自我，你就不是完整的。它可能是你那好奇的五歲自我。無論他們的年齡是幾歲，花點時間與他們交談、安慰他們，並歡迎他們回家。這個脆弱的孩子遇到了他們不知所措的事，他們需要你的體貼和關懷才能感到安全，並想起他們是誰。

專業人士可能會選擇將這兩個面向區分開來；但對我們的目的來說，我們會將它們一視同仁，而這將帶來巨大的回報。

寫信

寫一封信給你的內在小孩，用最充滿愛與父母般的關懷的心去寫，讓自己成為內在小孩的愛之歸屬。

寫這封信的目的是：

- 看見並承認你內在小孩的所有面向。讓他們感覺被看見及被愛。（臨在）
- 感謝你的內在小孩願意與你一起攜手療癒。（感恩）
- 告訴內在小孩你全心全意地愛他們，並傳達你做這個陰影功課的意圖。（承擔責任、愛與接納）

每次寫信時，都要專注於感受身體的轉變，並持續地練習直到你確實感受到這種變化。堅持下去，直到出現一種平靜感或感覺充滿了希望，這些都是你的內在看法已經轉變的跡象。

你好，陰影

從本書的一開始，我就一直在鼓勵你要溫柔地對待自己，並在可能的情況下享受這個過程。我連哄帶騙地勸你、懇求你，千萬不要因爲發現自己的某些面向——那些在你探索內在景觀時浮現的事物——而評判自己。沒錯，情緒和記憶會浮上檯面；但是別害怕，你可以應付得來。你能夠超越它，並從陰影的枷鎖中解放自己。

爲了讓這個話題保持輕鬆，我想提供幾個技巧；你可以將它們收藏起來，必要時再拿出來用。這些必要的技巧將有助於你保持輕鬆，並讓你的心持續感到安全與開放。

一、**打招呼**：一旦你開始進行這個功課並走進自己的內心世界，當你看到或感受到陰影的情緒突然浮現時，你只要看著它、感受它，然後對它說：「你好，陰影，我看見你了！」我有一位學生，當她開始和我一起學習時，會使用這個技巧來引起自己對正在發生之事的注意。

這技巧特別適合當你身邊有很多人的時候。假設你在外面，突然對某人產生強烈的反應，但沒有時間或地方可以停下來處理它，那麼你只需要在心裡記下這件事，並且說：「哦，你好！陰影，我看見你了。」等你稍後回到家時，再來好好地處理它。

二、**笑**：我並不總是對揭露出來的陰影感到愉快或認同，但我相信自己可以超越它們對我如重力般的控制，因此我會笑自己和自己的陰影來客觀地看待它。

是的，我在鼓勵你大聲笑出來。這是面對陰影極佳的方式，同時也擺脫了相關的情緒在當下可能對你造成的影響。同樣的，我們是先記在心裡，然後再另外找時間處理它。但越早開始發現反觀自己的樂趣，你就會獲得越多的力量。笑如同良藥。能在處理陰影時笑自己，將使你站在更客觀的角度、少一些對自己的評判。

結合這兩種技巧來發揮更大的作用。試著一邊對陰影說「你好，陰影」，一邊看著自己的痛苦的荒謬性，並大笑出來。

向內看的溫和過程

今天＿＿＿＿＿＿＿＿（日期），我＿＿＿＿＿＿＿＿（姓名）宣布自己已經準備好，並且不願再任由生活的境遇及我對這些境遇的反應所擺布。我選擇相信，我不會再受到過去、現在和未來的支配。

今天我開始面對自己的陰影時，我是有意識地想把自己從所有的陰影中解脫出來。我相信自己可以透過清醒的意圖，來超越過去並提升自己的振動頻率。

我準備好培養自己對上帝／靈性／生命的信心和信仰，並將其作爲我生命中的療癒力量。

是的，我已經準備好了。我願意並且能夠與自己的陰影共舞、理解自己的陰影，並在這整個過程中愛自己、溫柔地對待自己。

我要放下我對自己的故事及其痛苦的執著；相反的，我要堅守任何能讓我回到完整與圓滿的新信念。

在這個過程中，我下定決心不再評判自己，或任何我曾責怪他們應當爲我的人生現狀負責的人。

我懷著輕鬆和敞開的心態進入這脫胎換骨的過程，好讓上主的光明（Light of the One）進入我並爲自由鋪好道路。

我從此刻啓程。我懷著愛在愛中前行，並充滿著對所有在我的旅程中扮演過角色的人的感恩。我懷著無限的感激，將此語交付給愛、法則和生命的驚奇。

誠心所願。

陰影功課 7

寫信

我們再來寫一封信，這次是寫給你的陰影來表達感激之情，同時設定理解和欣賞陰影在你生命中扮演的角色的意圖。

以下是一些範句。我提供這些是因為我鼓勵你要盡可能地對自己充滿愛和體貼。即使這不是你的作風，也要像寫給靈魂伴侶的情書般寫下這封信。

親愛的陰影，

首先，我想感謝你所做的一切，感謝你一直以來保護我。我知道這是你的初衷，因此我永遠是感激你的。這一路走來並不容易；但知道你存在的初衷是爲了我好之後，我就放下了對你的評判。我愛你，感謝你幫助我成爲我。我眞的期待我們能一起攜手向前。懷著無比的感激，我現在要暫時告退去做我的功課了。我要學會愛自己及接納自己，無論我是什麼或不是什麼。

現在，輪到你試著寫寫看了。在以下的空白行或在你個人的日誌中，將你的心意全部寫出來。

愛自己如何支持這個過程

愛自己和陰影的概念，是個人成長和自我反思的兩個相互關聯的面向，它們在我們的整體幸福感和情緒健康中扮演著至關重要的角色。愛自己是建立充實與平衡的生活的基礎。它涉及到無條件地接納及重視自己、認識自己的價值，並對自己的不完美和錯誤表達同情。愛自己並不是傲慢或自戀，而是一種對自己的人性的深刻又眞摯的欣賞。

在愛自己的旅程中，榮格所提出的陰影概念發揮了重要作用。陰影代表了我們人格中那些較爲幽暗、經常被潛抑的面向——那些我們可能覺得不舒服或無法接受的特質、欲望和情感。接納陰影意謂著承認並整合我們自己這些被隱藏的部分；如此一來，我們才能面對並療癒過去的創傷，從而使我們成爲更眞實、更完整的個體。愛自己的過程包括照亮陰影，並了解它是我們的一部分。透過接納陰影，我們可以擺脫自我批判和羞愧的模式，最終促成更大的自我接納和同理心，並與他人建立更深的連結。愛自己和陰影功課是個人成長與內在和諧的重要組成部分，它們引導我們走向更充實又富有同情心的人生。

從出生開始，那最初養育你的愛，如果這種愛得到了持續並維護，它會讓你成長爲充分展現自己和幸福的人。這對所有人來說都是如此。然而，這條規則總是會有例外。如我們所知，受傷的人往往會轉而傷害其他人（如同俗話說的：「受傷的人會傷人。」）同樣的事實是，療癒的人會去愛。因此，如果那賦予你生命的愛從未被人生的種種經歷打斷，那麼這份愛將成爲你完整的體驗。

追求幸福並希望對世界產生充滿愛的強大影響力的靈性之人，能從一個重點中受益。這個重點是什麼？愛自己。愛自己多一點；愛自己現在是什麼，也愛自己現在不是什麼，並落實疼惜自己及照顧自己。換句話說，要學會提高愛自己的程度，就這樣。事實上，我們之所以受苦，是因爲我們沒有沉浸在這樣的愛之中。

創造生活動力的另一種方式是專注於你神聖的圓滿性，亦即你最初被造的本然樣貌。當你把注意力放在這裡時，你將逐漸擺脫負面的自我對話，而這種對話必須不斷地被檢視。如果你相信自己生來就有「原罪」，那麼你可能很難接受「人本來就是神聖圓滿」的觀念。同許多玄學和靈性導師一樣，我也是教導人們生來就是「本然的祝福（original blessing）」，這個詞最初是由以創造爲中心（creation-centered）的神學家馬修・福克斯（Matthew Fox）所提出。這個說法表達得恰如其分。你生來就是圓滿的——即使有時你並不這麼覺得。

你的圓滿並不取決於你的外貌、出生地、膚色或財富。在成爲你的過程中，你始終都是完美的。你的圓滿存在於你心中的核心，它是你未開發的潛力。隨著你進行陰影功課，你將能繼續用更大又更棒的方式來運用這

> 任何重要的問題，其答案永遠是：
>
> 多愛自己一點。

個潛力。

如果你能完全體認到自己神聖的天賦權利，並長時間保持這份覺察，你過去所積累的記憶、故事、信念和自我批判將會逐漸消退，永不生根。一開始，你可能會覺得這也未免太過簡化了。但事實剛好相反，當你讓這個想法充滿你時，你將會深受感動。下定決心並落實愛自己、接納自己及尊重自己，會讓你以意想不到的方式成長。再者，愛自己與自我批判是無法共存的。

你曾經以爲，痛苦和限制比你的美與圓滿更爲眞實，也沒有人曾經教你尊重自己。你的陰影之所以存在，是因爲它被賦予了空間和力量。但你的限制並不是你，你的存在的豐盛圓滿才是，就這樣。你需要重新訓練自己的注意力。

你的任務是去提升：

- 你對自己的愛
- 你的自我接納
- 你的自尊：所有的自我提升都始於
  - 你的自信與自我認可
  - 你的自我價值
  - 你的自我關懷

要如何提升自己呢？做陰影功課是其中一部分，練習寬恕則是另一個面向。此外，透過寫信與大聲朗誦轉念的肯定語，並將注意力轉向欣賞自己當下的美與圓滿，也有助於你提升自己。

以下是開始提高愛自己的程度的幾個方法：

- 首先，感謝現在的自己。每天晚上列出你的優點和成就，並在早上再讀一次。
- 如果犯了錯，立刻寬恕自己。
- **大聲笑**自己。
- 對自己肯定、肯定、再肯定。
- 絕不再對自己說負面的話——永遠不要。
- 絕不再批評自己。
- 誠實又溫柔地面對自己的錯誤。
- 停止所有的抱怨。
- 充滿愛地照顧好自己。
- 仁慈地對待自己和他人。
- 對著鏡子說：我愛你！

［故事時間］

關於評判與溫柔的故事：珊蒂傳道人

我有一位傳道人友人，她全心奉獻於靈性團體，努力服務他人。但在付出與奉獻的同時，她的內心卻充滿了自我批判與自責的聲音，幾乎將她整個人吞沒。她內在的批評者極為強勢，總是令她無法招架。她告訴我，為了獲得領導階層與信眾的認可與支持，她經常讓自己疲於奔命，竭力迎合他們。這種掙扎持續了好幾年，她始終無計可施。

事情的狀況是，信眾們不斷以流言蜚語批評她、經常說她的不是，認為她沒有付出足夠的時間來關心信眾。她覺得自己彷彿時時刻刻都被監視及批判。這些負面的回饋愈演愈烈，她不得不四處奔波來獲得接納與認可。她試圖透過修補外在的一切來達成目標。可是別忘了，當我們無法承擔責任，又被外在世界牽著走時，我們往往會無力改變現狀。

珊蒂後來參加了我的陰影課程。當她接受自己對陰影的產生負有責任時，她逐漸意識到，自己所受到的所有批評與負面的反饋，其實正是她對自己的看法的直接反映。所有這些不愉快的事件都反映出她對自己的懷疑與缺乏自我價值。她認同了八歲到十歲時的自己，並看到那時的自己是多麼缺乏安全感。她現在的感受與當時並無二致——八歲的她與現在的她，仍然在面對同樣的情緒。

隨著療癒，珊蒂學會了溫柔地對待自己，並且開始與他人分享她所學到的一切。她周圍的每個人都因此受益，所有的負面反饋也隨之消失無蹤。

我也在年輕時就發現，我是多麼容易過度批評自己。身爲人母，我對兒子的責任感使我無法客觀地看待他們，因爲我總是忙著自責。當時我已有些許的自我覺察，但眞正開始做陰影功課則是很久以後的事。我仍記得自己習慣無情地痛斥自己，無論大小過錯都不例外。我對自己的成長毫無耐性，也缺乏對自己身爲人母的同情心。在做陰影功課之前，養兒育女對我來說是很痛苦的事。

我不僅對自己不夠溫柔，甚至可以說是殘忍地虐待自己，而這種自我虐待的痛苦對我造成了長遠的影響。我們虐待自己的方式往往是既隱晦又狠毒。爲了落實對自己溫柔，我們必須每天都用愛的眼光來看自己。每當我們看著新生兒、小貓或小狗，總是會不禁讚嘆：「天啊，多麼珍貴無瑕的小生命！」那麼，請問：「究竟是從什麼時候開始，你覺得自己不再値得這樣的愛了呢？」

除了自我接納、自尊與自信外，提高愛自己的程度是唯一能眞正敞開你的心扉，讓你在這個過程中學會愛自己的途徑。你必須夠愛自己才能無懼地走在這條路上，即使是遇到困難的時候。

以下是轉念的肯定語腳本。但在開始之前，我們先來釐清爲什麼愛自己是如此的重要。當你專注於愛自己時，你就不會再批判或責備自己，反而會疼惜及接納自己。而當你以這樣的視角來看世界時，你會更願意去發現自己的陰影，並懷著愛意迎接它回家，當初的投射也會隨之煙消雲散。

愛自己就是去愛並如實地接納一切，包括你的陰影。

以下是提高愛自己的程度的轉念腳本。

轉念練習 4

今天我提高愛自己的程度

今天我懷著清醒的意圖，選擇將注意力聚焦在自己內在的一切美好、聖潔與神聖。我開始回想並憶起，我是那眾所敬愛的上主（Beloved One）的孩子，而身爲上主之子，體驗我與生俱來的價值與尊貴是再自然不過的事。

無論我現在是什麼樣子或不是什麼樣子，我都比以往的任何時候都更愛自己、全然地接納自己。我接納自己是靈性之人，有著有趣的特質和無傷大雅的小缺點，因爲這一切都是美好的，都是我的存在狀態的一部分。

我開始欣賞以前未曾留意的那些關於自己的面向，並重視我所有的面向、所有的表達和所有的展現方式。每當我將心力放在自己身上，我的自尊和自信就會飛快增長。我來到這世上，正是爲了完整、完美、圓滿地展現自己。當這個轉化在我內心扎根時，我的自我和固有的自我價值感也隨之提升，而這一切並不需要透過任何外在的證明。

我內在那眞正重要的自我（self），便是那無所不在的大我（Self）。哦，我能以「愛」的姿態存在，這是何等的光榮和奇妙！這是我永恆的眞相的無盡展現。

我懷著感恩吐露這番心語，並讓它成爲事實和我的眞相。

誠心所願。

獎勵日誌：寫一封信給你的內在自我，告訴它你有多麼深愛及崇敬那完整、完美、圓滿的自己（你那從未受傷、損害或創傷的部分），同時你也愛著自己那令你感到掙扎的部分。愛這一切。要像愛初生嬰兒般地愛自己。你值得這份愛，而這份愛將為內在的轉化打開大門。若這感覺不自然——那就假裝一下吧。

活在當下

活在當下是陰影功課的基本面向，因爲它讓人能與內在最深處的自我互動，並穿越潛意識中那往往令人感到不舒服又複雜的領域。當我們全然處於當下，我們會對自己的念頭、情緒和身體的感受有更敏銳的覺察，從而爲探索陰影奠定了穩固的基礎。而陰影則涵蓋了我們人格中那些被隱藏的面向，例如被壓抑的情緒、恐懼和尙未解決的衝突。

在陰影功課的脈絡下，活在當下使我們能不帶評判地觀察自己的想法和感受。透過安住於此時此刻，我們能客觀地檢視自己的反應與觸發點，而它們往往都源自於陰影。這種自我覺察至關重要，因爲它幫助我們看出自己的模式，並理解過去的經歷與那些被潛抑的情緒，如何影響了我們當前的行爲與人際關係。此外，活在當下也助於我們疼惜自己，使我們學會接納自己的陰暗面而不加以譴責。

再者，正念與臨在的練習也可以成為強大的工具，幫助我們揭示及整合自己的陰影。透過安住於此時此刻，我們能深入內在的自我，並逐漸發現那些長期影響我們的思維與行動的隱藏面向。這個過程使我們能處理那些未解決的問題、療癒情感的創傷，並最終成為更真實又更完整的個體。簡而言之，活在當下是通往自我覺察與自我接納的途徑，同時也是成功進行陰影功課的必要關鍵，並為個人成長、內在和諧及更真誠的人際關係鋪好道路。

瑜伽行者、教導靜心的靈性導師，以及世界各地的神祕家都談到「活在當下」。從靈性導師存在以來，活在當下便被視為一種靈性的修練。人的恐懼、懷疑和憂慮是與臨在的狀態相違背的，因為這些情緒只能存在於過去和未來，無法在當下這一刻存在。恐懼來自各種未知的來源。由於你不知道自己有能力為創造自己的世界負起全責，因此對未來的恐懼蒙蔽了你的雙眼，並往往會讓你陷入癱瘓。

懷疑是因為你不知道自己的力量。你認為自己的力量不足，並且相信自己與本源是分離的。你懷疑自己是因為你尚未學會以完全的自信去相信，你自己是現實的共同創造者。

憂慮是創造法則或顯化法則的一種誤用。憂慮其實是讓你不想要的事物最快成真的方式，因為它帶有情緒的力量。如果對創造的過程有所了解的話，你就會知道，清晰的想法與情緒結合便會產生結果。因此，憂慮加上情緒最終會促成你不想要的結果。

試著用肯定語來取代憂慮吧！去想你喜愛的人事物才是運用時間與能量更棒的方式。

杞人憂天的人	積極肯定人生的人
我好擔心法蘭克叔叔和他的飲酒問題。	我知道他能找到內心的平靜；我看見他是完整的。
我好擔心自己的診斷結果。	我安住在信任中；我相信一切都在為我作最好的安排。
我的兒子／女兒剛拿到駕照。	每次他們開車出門，我都會停下來祈禱他們平安。

你的陰影不是現在，它並不是當下的體驗，而是源自於你的過去、你的經歷、你的情緒，以及你的自我爲了幫助你在當時的處境中生存下來。我們在本書稍早的內容中已經認識到這一點。這是合乎邏輯的推演。如果你能進入並維持臨在的狀態（活在此時此刻），陰影便無處可容。落實活在當下能讓你在日常生活中獲得歇息，並創造出空無一物的開放空間。這裡所謂的「空無」，是指不把過去的事物拉進當下這一刻。當你能清出那些與過去相關的心理／情感空間，純粹的靈感與喜悅便會在你所在之處自然浮現。

以下是幾種幫助你安住於當下的練習：

靜心與深度的沉思，是放慢腳步來傾聽你的內在聲音的絕佳方式。事實上，所有形式的靜心都能有所幫助。如果你還沒做過靜心，市面上有許多應用程式可以幫助你入門，或者你可以在YouTube上搜尋「初學者靜心」。

在日常生活中，你可以透過觀察當時的處境，並問以下的問題來讓自己穩定下來：「我現在狀況如何？我在想什麼？我感受到什麼？我專注在什麼事情上？」一整天都這樣做，將自己的注意力帶回當下這一刻。

當某個反應開始浮現時，問自己：「我現在可以怎麼做？」如果有，就去做；如果沒有，那就別讓自己困在解決問題的壓力中，並相信當你準備好時（只要你持續練習），答案自然會出現。

這裡有個重點：我的意思不是說自我反思不會帶來痛苦；有時候，它確實會令人感到痛苦。但這種痛苦往往都是暫時的，並且是你旅程中不可或缺的一部分；它就像墊腳石一樣幫助你邁向脫胎換骨後的自己，並幫助你想起自己的眞實身分。現在療癒你的痛苦，總比讓它持續影響你的未來要來得好。而這一切努力的回報，就是解脫自在。此外，當你開始能全然放鬆地直視自己的過往（這正是陰影功課的重點），你就能更客觀地看自己。

了解靈性逃避（Spiritual Bypass）

「如果我們仍對自己的陰影一無所知，不明白自己追求靈性的動機並不那麼高尚，沒有覺察到自己身上那些不健康或不成熟的部分如何在我們的靈性中表現出來——事實上，我們往往是用靈性來掩飾它們——那麼無論我們在靈性上有多大的進展，也將毫無意義。我們經常看到靈性被用來當成逃避陰影的手段，試圖逃離我們藏在暗處的東西。這種靈性不過是披著聖袍的迴避，將分離僞裝成超越。」

——羅伯特．奧古斯都．馬斯特斯（Robert Augustus Masters）

了解靈性逃避的意義及其對陰影功課的種種影響是很好的事。靈性逃避的意思是，利用靈性原理來避免面對現實、情感或經歷。靈性本應深入探索自己，但靈性逃避卻用靈性的概念或術語來避免深入探索。它是用靈性的名義來迴避令人不舒服的事物，而不是直接面對它們。

靈性逃避可能會帶來某種表面的平靜或領悟，但它是建立在不穩固的基礎上，並且可能導致那些被壓抑的情緒和問題在日後重新浮現。

覺察靈性逃避並避免陷入其中，能使我們走上更全面又更完整的靈性與個人成長的旅程。它促使我們覺察自己、疼惜自己，並讓我們認知到，靈性成長其實包含了接納人性及其所有的缺陷和不完美。透過面對自己的陰影並克服挑戰，我們能獲得更眞實、更持久的幸福感和自我實現，而這是建立在眞實性而非迴避之上的。

很多時候，我們人類並不誠實。這其中有許多的原因，包括我們習慣想要被人喜歡，以及爲了得到別人的認可而表現出一副好人的模樣。沒有什麼比否認自己的現實、委屈自己去換取有條件的愛與認可更虛妄的事了。當某個行爲在社會上變得被普遍接受，即使它本質上是不眞實的，它仍會逐漸成爲一種常態，進而形成社會的期待。這種期待是大家都遵循的，但卻不是每個人有意識的選擇；換句話說，「出於好理由而說謊」已被視爲正常的。

我現在談的說謊更偏向於「隱瞞眞相」的謊言。這種情況發生在你渴望成爲境界高超的靈性人士、事業有成的人或某個領域的專家，而當你發現自己達不到這些標準時，便會開始扭曲事實、誇大其詞，甚至乾脆撒謊。同樣的情形也發生在日常對話中。比如別人問你過得如何，而你明明不太好卻回答說：「還不錯呀！」我們撒謊，可能是爲了不讓對方擔心或生氣，也可能是因爲自己感到羞愧。

當我們否認自己的現實，並爲了獲得認可而改變自己時；這個行爲將迅速產生及加劇我們的陰影。

陰影無法在敞開的地方存在。當它暴露在光明、愛與眞相中時，陰影將開始瓦解；你將能看到它在你心中代表的意義。如你所見，靈性逃避對你的情感健康是有害的。

思考和感受

思考與感受是截然不同的。在生活的平衡中兩者都是必要的，但它們各具獨特的性質。我曾一對一輔導過數百件個案，而最大的挑戰之一，就是當他們因發現自己的陰影而感到痛苦與羞愧時，卻往往難以分辨自己在經歷什麼樣的感受。

學會辨別及具體地說出自己的情緒是什麼，是提升情緒智商的關鍵要素。然而，我們之所以連嘗試辨別自己的情緒都會逃避，這背後的原因其實有很多。這個議題十分重要，值得我們花時間深入分析，因爲它不僅是陰影功課的重要部分，同時也是認識自己的關鍵。如同蘇格拉底說的：「認識你自己，就掌握了宇宙的鑰匙。」當你能清楚地說出「那個」感受是什麼，你就會更加接近那通往完整性的內在道路。因爲你的感受會引導你回到過去的記憶，而這將幫助你用愛去擁抱那些陰影的碎片。

以下是我們可能選擇與自己的情緒保持距離的幾個原因。我提供這份清單給你，但絕不代表它是一道阻礙。因爲你擁有不被這些情緒困住的力量，況且你是比自己當下的感受更大的存在。

以下是幾個會妨礙辨別感受/情緒的障礙：

一、**缺乏情緒的覺察**。你可能在沒有健康的情緒語言和覺察的家庭環境中長大。請保持希望，因爲這個能力是可以培養的。

二、**害怕脆弱**。許多人認爲保持警戒和難以親近可以保護自己。但這不僅並非事實，相反的，拒絕表現脆弱反而會帶來許多額外的挑戰，而「無法接受愛或表達愛」就是其中最主要的問題。當我們選擇不表現出自己的脆弱時，我們其實也在拒絕那些可能在陰影中等待我們的愛與良善。

三、**潛抑的情緒與評判**。潛抑的情緒是陰影功課的核心，因爲它們顯然是造成陰影的原因。一旦我們把情緒評判爲骯髒、可恥或不安全時就會加以潛抑。

四、**缺乏清晰感**。雖然每個情緒/感受都有其獨特的辨識特徵，但某些情緒的微妙差異可能使它們變得難以區分。譬如，人們往往會分不清楚嫉妒與羨慕、悲傷與哀痛、內疚與羞愧。這些差異看似非常小；但當在尋求清晰感時，了解這些微妙的差異是非常重要的。

五、**內疚與羞愧**。我想特別強調這兩種情緒，因爲它們對陰影功課有直接的影響。我喜歡套用布芮尼·布朗（Brené Brown）對這兩種情緒的區分，它簡單又明確。內疚是我們覺得自己做的事錯了；羞愧是我們覺得自己錯了。開始做陰影功課時，過去的錯誤決定或行爲的回憶會再次浮現。此時，如果我們感到羞愧，就會停止觀察。但如果我們是感到內疚，則可以促使我們選擇改變行爲。只要使用得當，內疚可以幫助我們改變一些習慣。了解這兩者的區別並能辨認出你內在的感受，將有助於你決定從這兩種不同的情緒中學習到什麼。

六、**文化**。有一個常被忽視的因素，它會影響我們標示及理解情緒，那就是你出生在什麼樣的文化環境。有些文化很直接，他們挑明地示好、挑明地爭論，甚至挑明地示愛——直接又毫不遮掩。但對某些文化來說，情緒的表達是粗魯又沒教養的。這可能會導致人們評判別人的情緒表達，同時這樣的評判也可能反映出評判者自身的陰影。

七、以迴避來回應創傷。有數百萬人是在不安全的家庭中長大的。家原本應該是安全的地方，卻成爲創傷的根源，讓人感到恐懼、不信任，只想擺脫那些負面的情緒。迴避提供了喘息的空間，但它也在我們潛抑的情緒和我們面對及整合它們的能力之間，留下了難以跨越的鴻溝。

八、表達感受。布芮尼．布朗《心靈地圖》（*Atlas of the Heart*）一書中的另一條指導：她鼓勵我們擴展表達情緒的語言，讓我們能更清楚地向他人表達我們當下的感受。如果你是爲人父母或老師，這一點尤爲重要。因爲我們必須引導孩子或學生使用更清晰的語言，這樣我們才能更清楚地溝通。

九、不以陰影功課爲優先。對許多人來說，尤其是在快節奏的西方世界，我們的生活節奏太快，大家都爲了生計而勞碌奔波——誰還有時間去思考陰影呢？有些人被生活的忙碌所吞噬，甚至無暇停下來了解痛苦是不必要的。

十、否認與靈性逃避。當一個人眞的無法處理情緒時，否認它們往往是他們試圖讓自己感覺良好的第一步。我們要不就是否認情緒，要不就是爲它們辯解或將它們變成某個故事。我們願意做任何事，但就是不願正視它們。事實上，迴避情緒可能造成致命的結果。若你長期完全迴避自己的情緒，那些未表達的情緒所產生的能量可能會引發嚴重的健康問題。

【第三部】

應用／功課實踐篇

我們已經了解了陰影是什麼，以及我們如何與它互動。現在，我們用轉念的肯定語來展開陰影功課。

轉念練習 5

啟程

我敞開自己的心扉來展開這趟旅程。我選擇採用本書的內容來進行這個功課，而我為這個選擇負起完全的責任，這使我更加有力量。我向前邁進，覺得自己充滿了力量；我準備好並願意面對我必須面對的一切，從而找到那被困在陰影中的自由與療癒。

我現在選擇在愛中前進，並懷著愛走上這趟冒險。我已準備好落實澈底的誠實，將靈性的修練付諸行動，並給自己必要的時間來滿足完成這個功課的各種要求。我期待更多的自由，並比以往的任何時候都更愛自己、接納自己。我相信自己；我信任這個過程。我沉浸在這個功課為我帶來的美好回報中。我懷著滿滿的感恩吐露這番心語來讓它完全展現。

注意：你可能在還沒閱讀本書的其他內容之前，就想直接進入應用的部分。強烈建議你不要這樣做。這世界並不需要你成為盲從的人。提升自己的覺察能為你打開理解的大門，並讓你爲應用做好準備。先收集資料和理解，你會感覺更有力量。儘管當初這是規畫爲簡短的六週課程，但六週其實只是你用來理解這些概念的時間。事實上，這個功課是要做一輩子的。因此建議你慢慢來，好好地認眞做。

步驟一：前期準備

你拿起這本書要不是因爲直覺，要不就是出於朋友或治療師的建議。這是很棒的開始。但身爲作者和導師，我在這許多年中了解到，養成新的思維習慣其實並不容易。因此強烈建議你，在進行直接的陰影功課之前，至少花實實在在的一週時間（理想上是三週至四週）來完成前期的準備工作。身爲導師，我的目標不僅是與你分享具體的技巧，還要幫助你養成終生受用的新習慣。

這深入的人際功課是一輩子的旅程，它可以分爲三個部分。

第一部分——前期準備：這是你決定做這個功課、收集資源，以及獲得支持或相關資料的時候。

第二部分——實踐：有了資料後，接下來就是將學到的內容付諸應用，並進行深入的功課。

我值得做這個功課
並獲得其回報。

第三部分——維持：是永遠的部分。這部分至關重要，因爲它要求你承認，你必須對自己的思維、心靈和覺察保持用心。隨著年齡的增長，維持變得尤其重要。

前期準備的目的是幫助你提高覺察力；幫助你學會如何**注意自己正在注意的事物**。你之所以會有陰影，是因爲你的小我在這一生中一直試圖保護你，但這樣做所留下的一些思維習慣，現在卻反過來對你造成阻礙。澈底又持久的改變，需要明確的新方向和不斷的重複。要重建大腦迴路，我們就必須改變自己的思維並保持改變，直到這種轉變成爲我們的新習慣。這個功課和所有建議的靈性修練一樣重要。

你可以把前期的準備看成是跑步前的熱身，畢竟熱肌肉的反應會比冷肌肉的來得好。這個前期準備會教導你許多關於如何使用大腦的知識，這會令你感到震驚。哇，你已經要開始學這些課程了！眞替你感到開心。因爲嶄新的覺醒心靈是令人賞心悅目的景象。

前期準備包含四個部分。你可以根據自己的需要，以任何的組合方式使用它們。你可以全部一起來，也可以逐一進行。如果你是第一次接觸人際功課，我會建議你慢慢來——你知道那句老話：「跑之前要先會走，走之前要先會爬。」歡迎來到自我覺察的世界，這是充滿強大力量的地方。

這四個部分是：

- 實踐不評判

• 實踐不抱怨
• 實踐不說八卦
• 追蹤你的情緒

在進入本書的〈應用篇〉之前，請下定決心至少花一週的時間（理想上是三週至四週）來做前期的準備。要記住，療癒陰影是好事；但獲得自我覺察來讓自己能爲餘生做好規畫才是最終的目標。

以下是我對計畫的建議：

一、選一個開始的日期，然後從不評判來展開前期的準備。

爲了達成目標，我們會讓它保持簡單，因爲這其中涉及許多細微的差別。重點在於覺察自己那些自發性的評判。我們的目標是學會如何觀察自己的心。這聽起來或許有點奇怪；但大多數人並不曉得自己的思維本質，也不知道自己的想法會影響注意力的焦點，而這些焦點又會吸引來那些構成他們的人生的事物。

今天（日期），我下定決心做到不評判。我下定決心不評判自己或他人。

人類演化爲評判性的生物是爲了生存。在過去，我們對他人進行評判是爲了判斷自己是否安全。可是到了現代，我們卻一整天還在做這樣的評判。你要觀察的是，自己在評判什麼、爲什麼評

> 當你背負著自己的內在評判的重擔，
> 你就永遠無法擺脫它們的影響。

判以及你在評判誰。你的評判是否出自於自己的不安全感？你的評判是否是爲了貶低他人來使自己顯得優越？想了解更多請參閱第六十頁的內容。至少持續這樣做一週。

二、與不評判密切相關的是不抱怨。它們之間的區別在於，你可以在自己的心裡評判一整天，可是一旦你開始說出內心的評判，它們就變成了抱怨。抱怨和評判都是有害的習慣。事實上，抱怨對抱怨者的傷害遠大於對其他人的傷害，因爲你是把這些情緒背負在自己的身上。

今天（日期），我下定決心做到不抱怨，並放棄所有與抱怨密切相關的習慣，例如責怪他人或吹毛求疵。

我確定你能看出同時實踐不評判和不抱怨的邏輯。這個前期準備是在教導你終生受用的自我認識的課題。

因此，你可以同時實踐不評判和不抱怨，或是在第二週單獨實踐不抱怨。選擇權在你手上，畢竟這是你自己的旅程。

三、接下來是不說八卦，這對大多數人來說可能是最難的。它之所以困難，是因爲它是最被社會默許的有害習慣。我對這項功課會有進一步的說明；但在此，我們先簡單地帶過去。大約三十年前，在讀了唐・米蓋爾・魯伊茲（Don Miguel Ruiz）的《打破人生幻鏡的四個約定》（*The Four Agreements*）後，我開始走上應用這些約定的嚴肅旅程，因爲我當時的人生簡直是一團糟。我所發生的改變令我深受感動，於是我和一位夥伴舉辦工作坊來讓這些約定延續下去。

今天（日期），我下定決心不說八卦，並享受正直爲人的自由。

不說八卦澈底改變了我的人際關係和自我認知。這是我第一次理解到自己的行爲如何塑造了我的人際關係，以及爲何人們不信任我的原因。我曾經是個十足的八卦者。我母親會說兩種語言——抱怨和八卦——因此我也學得很快。當時我的人生受到這些習慣的擺布，卻不了解它們對我自己和我在乎的人的影響。

學會觀察自己的心，並選擇不說八卦、不抱怨、不評判，爲我的自由鋪出了一條道路，而這份自由我至今仍在受用及延續。同樣的，你可以同時實踐這三項功課，也可以將它們分開在不同的時間進行。

四、追蹤你的情緒。追蹤自己的情緒可能會很複雜，因此要對自己溫柔一些，特別是如果你本來就很難辨別自己的情緒或感受的話。願老天保佑那些知識分子和學者——他們是社會與進步的重要支柱；但這些人當中，有些人卻極難了解自己的情緒。遺憾的是，這正是所有人際功課的基礎。無論你是因爲別人的推薦，還是自己受到本書所述的吸引而翻開書頁，你都要去感受。感受，你才知道自己活著。想要脫胎換骨，你就必須看清究竟是什麼在驅動著你，以及哪些情緒在掌控著你的人生。

以下就是你要做的——如果你接受這項改變人生的任務的話：

一、買一本小筆記本或日誌，但要確保它是在我建議你進行這項練習的一週期間都能隨身攜帶的。

二、在這一整天設定手機鬧鐘，每小時響一次。當它響起時，問自己：「我現在是什麼感覺？」並將答案記錄在小筆記本中。不要評判自己的感受，也不要因為不確定而批評自己。對自己要有耐性並疼惜自己。別忘了，所有的自我提升都需要自我認可。如果你老是在批判和羞辱自己，你就無法體驗到自我認可。

三、持續追蹤自己的情緒一週後，檢視你的清單並留意其中的趨勢和模式。你發現自己有哪些情緒是比較常追蹤的？將它們列在下面，以便你在進行其他功課時可以留意它們。

四、回顧這一週的經歷，檢視一下自己：你對自己的感受有什麼樣的感覺？你有評判自己或善待自己嗎？你感到失望還是如釋重負？請利用以下的空白行來進行記錄。

這個練習可以與其他練習一起進行，也可以單獨進行，只有你最清楚自己最大的覺察能力。

重要提示：千萬別跳過前期的準備工作。你的人生即將澈底改變，因此請盡最大的努力來給予它應有的關注。

步驟二：設定你的意圖（你想要的結果）

在以下的空白行，寫下你在展開陰影功課之前想從本書獲得的東西。對自己要大器。所謂的大器，是指你要有遠大的目標，追求那種能盡情地表達真實的自己的夢想。你的自由將取決於你設定的意圖。意圖越宏大，你得到的禮物也越大。此外，如果這件事太容易完成，甚至沒令你感到一絲的緊張，那就表示你的目標還不夠遠大。

透過意圖的設定，我們才能引導生命的流向與結果。意圖具有強大的力量，能幫助你實現自己的渴望，並從當時情境中引出最理想的結果。它的重點在於設定自己的期待，進而驅動你的注意力焦點。缺少了意圖，我們就像是沒有方向舵的船。意圖、注意力和焦點會將你推向你想要的結果。

設定你的意圖：

例：我的意圖是澈底擺脫任何影響我的情緒自由的陰影。我嚮往自由與喜悅的人生。

在以下的空白行，寫下你在展開陰影功課之前想從這個課程獲得的東西。對自己要大器。你的自由將取決於你設定的意圖。

承諾書

請仔細閱讀承諾書的內容。在簽署之前，務必要清楚自己將下定決心做什麼。保持警惕，同時也要對自己溫柔。你——完整的你——值得這份努力。

我同意以最溫柔、愛自己的方式，走進這趟改變生命、肯定自我的冒險旅程。我同意在整個過程中愛自己，並記得我生來就是完美的，這過程不過是讓我回到這個完美狀態。我記得自己是誰，以及我應該成爲什麼樣的人。

我同意不再評判我自己、我的反應、我的情緒和我的過去。我在此是爲了憶起自己的純潔無瑕，並再次成爲完整的自己。

簽名：＿＿＿＿＿＿＿＿

日期：＿＿＿＿＿＿＿＿

確立你的理由

你是基於什麼理由做某件事，了解這個最高動機將有助於你維繫自己的價值觀。當你的熱情與你的理由同步時，你就擁有移山倒海的力量。

詢問理由是可以令人澈底翻轉的重要問題，因爲你的理由可以揭示出你做事情的動機。

為什麼要經歷這個過程的痛苦？為什麼要深入自己的心靈？為什麼要喚起舊有的情緒？為什麼要再次面對痛苦？

我們無法轉化內在的東西，除非我們願意感受這份痛苦。注意：如果你有再次受到創傷的風險，請務必放慢腳步、尋求支持，並另擇他日再回來做這個功課。因為你不希望自己再次受到創傷。

這就是爲何我們要由此處開始……強大的理由可以幫助你，在遇到困難時依然專注於你想要的結果。那些走在你前面的人，已經療癒了自己的疾病、建立了有意義的關係，並自由地活出非凡的人生——他們成爲全然展現自我、充滿創造力的成功人士——因爲他們專注於自己的意圖與理由。

我親眼見證過這些勇敢的人，在承擔責任的過程中，找到了眞正的寧靜、幸福與自由。

爲了支持這個過程，你必須學會看出自己的內在狀態。對某些人來說，這很容易，因爲他們的情感外露，無須猜測他們的感受或反應。當然，這可能與文化有關——有些人表達直接、情感豐沛，而有些人則較爲古板、拘謹。對於那些較不了解如何覺察情緒的人，他們的自我探索就必須從觀察自己的反應開始，並透過留意自己的選擇、觀察他人對自己的回應來往回推敲。這條路徑稍有不同，但同樣有效。

挖掘陰影的其中一種方法是，從你想迴避、容易令你感到不悅或使你想發表高見的事情開始。

以下的問題將有助於你想起自己迴避的事物：

- 什麼會不斷地令你感到痛苦或惱火？
- 你注意到哪些模式？
- 你總是遇到哪些性格類型的人？
- 你的人生有什麼模式、主題或趨勢？
- 你討厭什麼？
- 什麼容易令你生氣？
- 什麼會觸發你無意識的回應？

明白你的理由將讓你保持繼續前行的動力。

• 什麼令你感到理直氣壯？
• 長久以來，你一直在害怕什麼？
• 你經常抱怨關於他人的什麼事？
• 你總是想遠離哪一類人或群體？

你的理由是什麼？你想要去哪裡？

在整個過程中，隨時準備好你的日誌。

找個安靜的時間坐下來閱讀正念腳本，然後自由地回答上述的問題，同時添加任何你認爲有助於確立理由的內容。別忘了，確立你的理由是爲了提醒自己，不論你的感覺如何，都要持續走在這條道路上。

在以下的空白行或你的日誌中，將這句話寫在頁面的頂部：

我在此關注並最終放下：

現在開始寫，不要編輯或修改你寫的內容……

在日誌中回答完這些問題後，簡單地寫下幾個推動自己前進的理由，以及你想要放下的事物。用正向的肯定語氣寫下你的理由，讓它能反映你所記錄的內容。要清晰、明確地表達，並控制在二至四句有力的清楚陳述內，或者更少。

以下是範例：當那受到制約的自我表現爲陰影時，我選擇有意識地挑戰它，因爲我想成爲極度自由、快樂又健康的人，並與所有人建立充滿愛的關係。

我的理由：

爲了承接你的理由所帶來的激勵，並繼續專注於你想要的結果，你需要培養紀律。我所謂的紀律是指如何初步回應這些刺激、感覺和反應。你的第一次反應將決定這一切如何展開。如果你的初步回應是責怪他人、抗拒這個感覺和體驗，或是轉移自己對當下情境的注意力，那麼你將錯失輕鬆又優雅地穿越這些挑戰的機會。《愛的陰影功課》的理念是，請放下責怪他人的習慣與任何的正義感，而這正是必要的陰影功課的眞實指標。

如果你還是受不了誘惑，仍把自己的痛苦歸咎於他人、控訴他人造成你的苦難，那麼你將延長自己受苦的時間。事實上，這些情緒是需要被認出和盤點的刺激。

本書的存在
是因為它有助於實現我的理由，
而我的理由
就是幫助他人活出自由的人生。
因此你們也是我的理由之一。

感受刺激與抗拒刺激之間的區別很簡單。當你能輕鬆自在地感受那些激發你情緒的刺激時，這代表你有紀律，也代表你有保持穩定的能力。這將促使你作出明智的選擇。相反的，當你抗拒刺激時，你的注意力就會集中在困難上，並試圖迴避你當下的感受。你不可能一邊迴避情緒，同時又想從情緒中學習。若你願意感受這個刺激，你便能有意識地去檢視當前的情況；若你抗拒這個刺激、轉移自己的注意力，或選擇透過任何東西來削弱這種感覺，那麼你也削弱了那本該引導你走向自由的情緒。

如果你不接納眼前療癒這個情境

（從而療癒這個刺激）的機會，

它將會再次出現，

並且往往會帶來更強烈的感受。

［故事時間］

弗蘭克的故事

弗蘭克曾與他的妻子克莉斯汀過著幸福的婚姻生活。他們是再婚家庭，兩人育有一女，還有弗蘭克前段婚姻所生的兩個孩子。弗蘭克沒想到的是，有一天克莉斯汀突然告訴他，她想離婚。他當時沒去注意這件事，因此錯過了所有在事後才逐漸明朗化的蛛絲馬跡。

克莉斯汀選擇在沒有帶走任何孩子的情況下離開，甚至連自己的孩子也沒帶走，這讓所有人都感到震驚。這導致弗蘭克成為單親爸爸，獨自一人照顧三個孩子。

隨著時間的推移，弗蘭克開始研究最適合照顧他兩個年幼的孩子（兩歲和四歲），以及他大女兒的課後照顧的最佳選擇。不久之後，弗蘭克開始對照顧孩子的方式產生抱怨，於是他從一家托兒所換到另一家托兒所，因為他總是覺得有不妥之處。他也對大女兒的課後照顧感到不滿意。基本上，弗蘭克已經走遍了所有的兒童照顧機構；但就像他不停地批評兩位前妻的育兒方式一樣，他也不斷地在挑剔這些托兒所的毛病。

幾年前，弗蘭克參加了我的「陰影與寬恕」課程。他在課程中發現，自己對托兒所和兩任妻子的批評，其實是他童年時被大人嚴重忽視所引發的創傷反應。他在沒有父親的家庭中長大，並立下誓言絕不會成為那樣的人。可是他沒有意識到，母親才是影響他的自我價值感的主要因素。

當他開始梳理這一切時，弗蘭克才意識到他對女性普遍缺乏信任，尤其是對他的母親，因為她非常不會照顧他和他的兄弟姊妹。他陷入了那種被忽視和無人照料的感覺，這使得他覺得自己不值得被愛。最後，弗蘭克選擇寬恕：他寬恕了離開家的父親、寬恕了不擅長照顧他的母親，也寬恕了自己讓他在這些年裡受了這麼多苦。弗蘭克感謝眼前生活中的這些人，謝謝他們指引他回到自我，並將那個陰影帶回家。

不久之後，他的觀點發生了戲劇性的轉變。突然間，他開始以不同的眼光來看待那些兒童照顧者，並對他們的付出和關心表達感激。此外，他也撥出時間向兩位前妻道歉，並承認自己對婚姻的破裂也負有責任。

實踐徹底的誠實

實踐徹底的誠實是請你簡單地說出眞相，並盡可能客觀地評估你生活中的狀況而不爲它辯解。說出它、承認它、療癒它，然後從中解脫出來。

要密切注意自己的身體及其反應，因爲你經歷的許多痛苦都被困在身體的細胞中。

當我們與他人相處、發現自己在評判他人，或無法容忍他人的行爲時，陰影功課的必要性就變得顯而易見。

稍微難一點但同樣有效的作法是，學會在自己經常表達的負面情緒中發現陰影功課的必要性。同樣要了解的是，這些情緒一直如同種子般潛藏在你的潛意識中影響著你的行爲。

現在，請填寫下一頁的陰影之輪來幫助你實踐徹底的誠實。在這個過程中，利用視覺化的工具能帶來很大的幫助。

要記住，這些情緒本身既不好也不壞；然而，這些情緒及其他類似的情緒，可能會使你無法展現自己生命的豐盛圓滿。

陰影之輪

你需要一支筆和一支螢光筆來使用這張圖表。

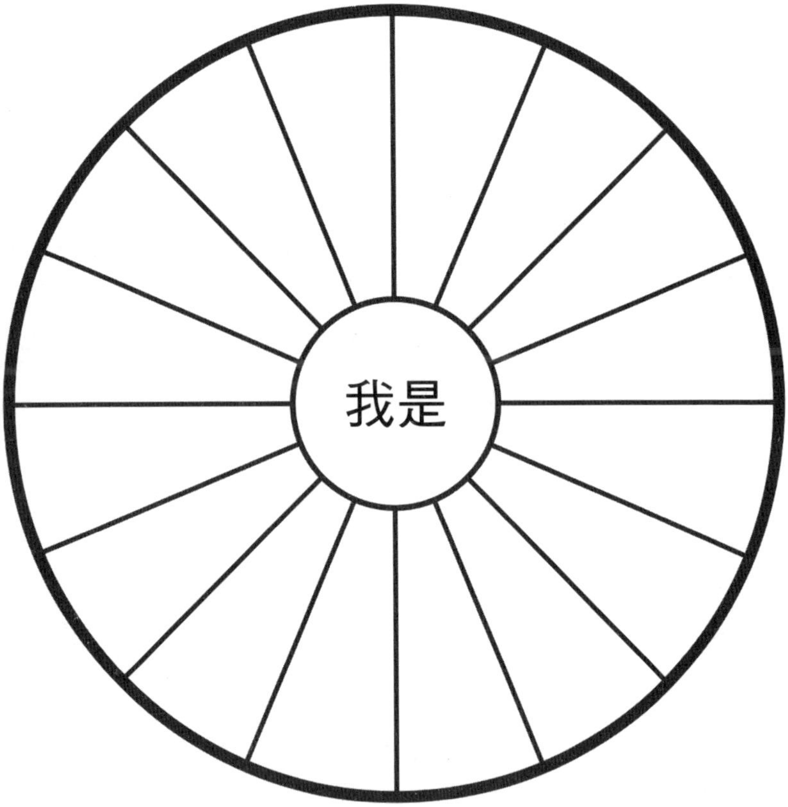
我是

一、想像這個圓輪代表完整的你，並根據以下的問題來列出自己身上那些令人感覺愉快和具有挑戰性的特質，而重點要放在那些具有挑戰性的部分。在每個區塊裡填入你的一個特徵或自我信念。

二、用螢光筆標出那些令你感到痛苦和不適的傾向及特質。你會開始發現圓輪變得不均衡，而這些被標出來的區塊正在設法回歸到你身上。

三、針對每一個被標出來的區塊，套用以下的腳本來進行聲明。

我願意正視、關愛並完全接納我的陰影之輪中的每一種感受。我知道這每一種感受都是引領我邁向完整的一塊拼圖。我接納（說出這個部分）並召喚它回家。

例：我願意正視、關愛並完全接納我的陰影之輪中的每一種感受。我知道這每一種感受都是引領我邁向完整的一塊拼圖。我接納（我的嫉妒）並召喚它回家。

填寫陰影之輪時，問自己：

- 你是誰？你對自己有什麼感受？
- 你怎樣給自己貼上標籤？你怎樣評判你自己、形容你自己？

此外，你也可以考慮探索以下的內容：你扮演的角色、你隱藏的罪行、你的情緒反應、你如何將自己的格局變小，以及你如何呈現自己。

請記住——這是一趟自我探索的旅程。你要像孩子一樣充滿好奇心，並願意不帶任何評判地看著事實。必要時，你也可以爲陰影之輪添加更多的區塊。

從陰影之輪中挑選那些最突出的感受／特徵，並塡寫以下的內容：

最容易讓我分心的感受是：

（僅用情緒性的語言來描述，避免理性的思考。）

如果這些感受都被轉化了，它們會在你的生活中呈現什麼樣貌？針對每一種感受，想像它們是有價值的存在而不是操控你的力量。現在，想像一下它們會怎樣表現在你的生活中？

發現陰影中的價值

讀到這裡，你或許會開始明白，其實所有的陰影面向都有其價值。因爲它們能幫助你了解陰影的根源、陰影的對立面，以及它們如何存在於你的內心。此外，學會用這種眼光來看待自己的陰影也有助於你諒解他人。

以下是當你超越陰影的表面時可以發現什麼的一些例子。

想想那些總是想掌控一切的人。	他們因為缺乏安全感，所以想要掌控結果。
想想那些總是在炫耀自己的成就或財富的人。	他們不曉得自己本有的價值，因此渴望透過外界的認可來填補內心的空虛。
想想那些批評他人酗酒或吸毒的人。	他們害怕自己的過往，並且可能曾經受過酗酒者或毒癮者的傷害，因此想要轉移對自己的痛苦的注意力。
小時候是否有人說你霸道？	結果你成為領導者。
你是否曾被指責好管閒事？	結果你成為擅長組織的人。

我們的陰影經常被貼上錯誤的標籤，因爲我們還不懂得超越表面，或是懷著同情心來與他人互動。我們必須學會懷著愛心來更深入地觀察一切。事實上，我們往往會陷入有害的思維、評判和譴責而不能自拔，而這一切都源於我們潛意識中對優越感的需求。

試著看看這些陰影的例子，並想像陰影的另一面在某人的生活中會是什麼樣貌。這項練習的重點在於觀察當下正在發生的事，同時設想自己或他人已經完全從這個陰影中療癒。

檢視陰影	想像可能性
例：某人對於夜晚外出有著不合理的恐懼，當被要求這樣做時便表現出強烈的抗拒。	與其認為這個人很難搞，不妨想想看，或許有某種創傷曾在他的身上留下恐懼的印記。
某人總是滿腹牢騷。	
某人討厭慶祝節日。	
某人每次和一群人出門時都會堅持要自己開車。	
某人總是需要成為眾人關注的焦點。	

你越是練習，就越容易看穿所謂的陰影假象。我之所以稱它為假象，是因為它不是真正的你；事實上，你的陰影只是個報告系統。我們生而為人並沒有隨附人類使用手冊——我們應該要有才對——如果真有的話，裡面肯定會有很大的篇幅在說明如何解讀你的陰影。

現在，我們來更貼近自身一點，仔細檢視你的一些特徵。請在左側的空白欄寫下你不那麼喜歡自己的特徵。

這個練習的目的是為了讓你看見，你的陰影／小我是怎樣試圖照顧你，並停止自我譴責。要練習以客觀的角度來看待事物。

例：有時我會說那些自信者的八卦並評判他們。	深入觀察後我了解到，我自己缺乏自信，我必須如實地愛自己。

現在，花一點時間欣賞自己，以及到目前為止你所做的努力。你值得擁有這一刻，因為你做的功課非常出色。

你看，如果我們能成為觀察陰影——無論是自己的還是他人的——的專家，並看見它們帶來的課題而非它們造成的混亂，那麼人與人之間的交流將會變得更充滿愛與同情心。事實上，我們的失控行為不過是笨拙地想要處理好自己的生活罷了。這也就是為什麼我們要練習不評判，因為它能幫助我們超越假象而去看見真正重要的事——療癒。

改變你對
陰影貼的標籤，
你將開始看見
全新的自己。

如實接納你的情緒

在這美好又輝煌的一天，我臣服於上主（the One）的智慧。我接受並允許上主成爲我生命中唯一的轉化力量。我清楚地知道，上主始終向我展現、透過我展現，並展現成爲我。

我懷著全然的意識與覺知臣服於上主。我敞開自己的心靈、心智與生命，讓自己與這個臨在一致，使其成爲我生命中的指引之光與智慧。

在邁向回歸完整的旅程中，我開始接納自己和當下所有的情緒。我選擇用愛去看待及接納每一種感受，把它們看成是自己身上那些想要回歸的面向。我接納每一種感受，無論它們過去是多麼難熬或令人痛苦。透過這份接納，我自然也藉由練習而接納了眼前這條通往完整性的道路。

我要爲自己宣告，所有的情緒都是可以被接受的；它們都各有其價值，並且值得被感受。透過這份接納的體驗，這些情緒不再需要以那麼激烈的方式在他人的身上表現出來。

今天，我要用最美的方式接納自己。我接納自己的所有情緒和感受；我接納自己現在的樣子，以及我這輩子所表現出來的樣貌。我不再將自己的過去視爲錯誤，而是看成自然展開的生命歷程。

我接納自己的一切，並期待著這些感受所蘊藏的美與價值。我接受那如實地接納一切所帶來的力量。

我對這些感受與情緒的整個轉化表現銘感在心。我懷著極大的期盼，將此語交付給創造的法則。

誠心所願。

以下是我們建議的轉念腳本，以作爲你對某個刺激的初步反應。當你開始感受到某種情緒、但還不知道該怎麼辦時，便可以使用這個腳本。你不必背下來，但你會希望把它們記住，以便在適當的時候作爲處理情緒的範例。可以說，你必須重塑自己的思維、重建大腦迴路，來爲用全新的方式應對外在與內在的生活做好準備。重新設定你看待這個功課的方式會對你有整體性的幫助。我希望幫助你改變對陰影功課的敘事，並儘量消除其中的神祕感。然而，爲了達成這一點，我必須提供能打開這條道路的工具。

認可陰影

我知道這個體驗是屬於我的。

我不必喜歡它，但我願意在這當中愛自己。

因此，我對你說，（說出激起這種情緒的人的名字）：謝謝你激起我這個情緒，並幫助我接受這個成長和尋找更多自由的新機會。

我看見你，並且知道這是成長的機會。

我深入地感受當下，並選擇無畏地感受它。

感謝這次成長的邀請，我祝福你（說出人或情緒的名稱）。

我相信這條路能讓我展現全然的自己。

我祝福自己，因爲我有成長的勇氣。

跟著感受走

我很高興當今的心理學已經學會將感受——不僅是某種已被命名的情緒，而是作為一種身體的感覺——擺在第一位。這是完整地了解你那些未療癒的情緒、焦慮、擔憂和壓力的影響力，以及它們如何造成你目前的健康狀態的重要關鍵。

隨著我們更專注於眞正的身心連結，我們可以敞開心扉用更好、更深入的方式來了解自己，而這種深入了解可以讓你更快療癒。

這種感受方法有很棒的好處。當我們尋找最早期的感受記憶時，往往只要看著它便能自動解除痛苦與不適。換句話說，正視這個感受就像在床底下尋找怪物一樣，最終你會發現那裡從來就沒有怪物。

面對我們的情緒就像面對我們的恐懼一樣：當你站出來面對它們時，它們就煙消雲散了。所有的情緒都有其獨一無二的特定質感。當你學會透過命名來辨別情緒時，你將被引導到最早期的感受和記憶，進而促成改變。

辨別方法

當你深入陰影功課而需要辨別某個陰影時，請用這個方法來幫助自己。

一、首先，注意這個功課所引發的情緒。

二、靜坐幾分鐘，將所有的注意力都集中在這個感受之上——不是對發生之事的想法，而是在感覺本身。

三、現在將所有的注意力放在這個感受上，辨別它是位於你身上的哪個部位及其獨特的質感。在對這個感受保持關注的同時，讓這個感受引導你回到最早期的記憶，或者至少是與這個情緒相關的感受記憶。**這整個過程儘量不要用頭腦思考**。

這個方法的美妙之處就在於讓感受的質感成爲你的指引。

當你回到最早期的感受記憶時，請記錄以下幾件事：

- 當時你幾歲？
- 你在什麼地方？
- 你跟誰在一起？
- 那個場景中發生了什麼事？

回答完這些問題後，再問自己以下的問題：

- 我賦予了這個場景什麼意義？（記憶本身並沒有固定的意義，其意義取決於我們如何描述它。）

• 這個場景中有沒有人需要被寬恕？
• 我的小我怎樣幫助我避免這個記憶的痛苦？
• 當我召喚這種感受所激起的那些部分回家時，我能找回自己身上的哪些部分？

提醒：對自己的內在景觀了解得越深，應對情緒和療癒幸福的阻礙就會變得越容易。

回家的路徑圖

讓我們慢慢開始！第一步的重點是爲自己設定成功的基礎。你將應用我們所提及的靈性修練，並建立一份完整的清單。

到目前爲止，本書已經提供你理由、方法和內容，同時也提供了應用的過程、工具和技巧；然而，眞正的功課現在才要開始。在此之前的一切都只是熱身的準備工作。現在是你的世界與你清理陰影的意圖開始變得眞實的時刻。

本書和書中的課程，都是設計來讓你自由選擇要走得多快或多慢。請務必先讀完〈著手篇〉的所有內容後，再繼續進行功課。只要付出努力，終將獲得成果。

雖然無法保證六週或半年的努力就能讓你完全整合所有的陰影面向；但如果你能按照指引全然

地投入及實踐，這將讓你感到充滿希望與鼓舞，因爲你將擁有認識、接近和探索自己的內在世界的必要能力，最終將自己那些遺失與被排斥的部分帶回家。我們把這個內在景觀稱爲「家」。

你花了一輩子的時間製造陰影。你的陰影從你一出生就開始發展，甚至還可能更早。本書包含了有價值的資料和邁向整合的指引，可是卻沒有眞正的時間表，因爲你會在生活中發現陰影的不同面向。有些人會去接受治療，而陰影功課也會成爲討論的一部分；但另一種方式是學會在日常生活中認出陰影，同時在陰影出現時接納它並與之互動。

最終的結果都是一樣的。但如果你以主動積極的態度來進行陰影功課，同時保持鮮活的狀態（本書的最後部分專門討論如何維持這種狀態），那麼你就會重建大腦與情緒體（emotional body）的迴路，讓你即使在睡夢中也能以充滿愛與接納的方式進行這個功課。透過本書所提供的維持工具，你將能訓練自己的潛意識來爲你工作。最終，這個過程將變成自動化，而你除了覺察外什麼也不必做。

第一天：不要跳過任何步驟——這趟旅程的每一部分都很重要。

- 如果你尚未完成至少一週的前期準備，請立即停止並回去完成。
- 請至第一四四頁設定你的意圖。
- 請至第一四五頁確立你的理由。
- 請至第一四五頁簽署要對自己溫柔的承諾書。

建議每次坐下來開始練習之前，先進行轉念的肯定語或靜心冥想，這可以讓整個過程既專注又溫和。我已經提供轉念的肯定語腳本來方便你使用，每個步驟都包含了可供你整週運用的提示、原理和練習。

進行自我盤點

任何旅程都必須具備幾個要素。你必須知道自己從哪裡出發，也要清楚自己想前往何處。倘若沒有明確的起點和目標，前行的道路可能會變得混亂難測。因此，我們將運用**沉思**、**探問**和**澈底誠實**這些工具來展開這趟旅程。請務必準備一本日誌來記錄你最深層的想法，並確保它的安全。因爲當你越感到安全，你就越能對自己坦誠，而這是達成理想結果的重要條件。當你覺得不夠安全而無法在紙上吐露自己最深層的想法和感受時，你就會逃避這個陰影功課。因此，請先爲自己營造安全的環境。

你需要安排一段安靜的時間，來根據以下的提示在日誌上寫下問題的答案。請慢慢來，並持續覺察自己的身體感受。別忘了，你的身體從不說謊，它將協助指引你進行陰影功課所必須知道的東西。記住——要盡你所能誠實地檢視自己，但不要加以評判（你已經開始明白這些練習是多麼重要了）。這些練習在整個陰影功課中都會派上用場。

以下是看出你的陰影的一些方法：

- 趨勢和模式
- 健康問題
- 莫名的焦慮（與明顯的刺激無關）
- 觸發點
- 身體的信號
- 反應
- 莫名地接近或疏遠某人

在覺察之後，請在此列出你最常出現的觸發點與反應：

進行自我盤點

若不使用這些轉念的肯定語就直接投入功課，無疑是在找自己的麻煩。畢竟這種陰影的練習非同一般，因爲我們是在自己的靈性本質內進行，並且會運用到我們與外圍宇宙的關係。這些轉念的練習能將陰影功課從頭腦帶入內心，而這才是它眞正應該落腳的地方。此外，當我們說出話語時，愛便會爲這條途徑鋪路。

因此在每次進行自我盤點之前，請說出以下的話語：

我坐下來，並讓自己靜默。我將注意力從生活的忙碌中轉向自己的內在覺察。當我安靜坐下來，我敞開自己的心扉和心靈來展開這趟自我了悟和提升力量的旅程。我一步一步地踏上這個旅程，走得緩慢又謹慎，同時沉浸在圓滿的臨在中。扎根於生命本身的美，我準備好邁向這個旅程，並肯定自己擁有必要的勇氣和韌性，能夠輕柔又穩定地走向自己的內在景觀，並揭示一切需要被揭示的事物。我已經準備好更深入地了解自己，因此我要落實澈底的誠實。我已經準備好溫柔地接納自己，不論我現在是什麼樣貌，或不是什麼樣貌。我不帶評判地觀看，並毫不退縮地感受所有的情緒。我相信自己的過程，並讓這個功課輕鬆又優雅地展開。

我心懷感激地放下所有的恐懼。

誠心所願。

在每次完成盤點之後，請進行以下的正向轉念祈禱：

我懷著感恩欣賞自己完成的功課，並讚揚自己的勇氣和深入探索的願心，同時對自己保持溫柔與體貼，而不做任何的評判。是的，我已經準備好在這條自我探索的道路上前進。我肯定我自己；我肯定我的功課，並且會在整趟旅程中落實耐心。

那些討厭的不安全感與干擾

在開始實際進行自我盤點之前，提醒你一些可能阻礙你的東西。人類爲了生存而沉溺於各種癮頭和上癮行爲；但有兩種癮頭是非常微妙、幾乎無法察覺的，那就是我們對取悅他人和被喜歡的上癮。

閱讀這些描述時，請仔細留意它們怎樣同時促成陰影的產生。這與你否認某個版本的自己，然後將它投射到別人身上的過程是一樣的。這些上癮行爲是因爲我們這輩子一直不習慣認可自己。這是相當悲哀的，但在我們的社會中卻非常普遍。倘若你從本書中得到的唯一收獲，就是渴望超越這些上癮行爲，那就已經值回票價了。因爲你本應活出眞實的人生，但這些上癮行爲否定了你有這樣的權利。

對取悅他人上癮

首先來看我們對取悅他人的上癮，因爲這個習慣可能會妨礙你實踐澈底的誠實，而澈底的誠實乃是陰影功課的重要基石。大多數人會爲了獲得他人的認可而扭曲自己、否認自己天生的傾向。我們有太多時候都不認可自己，於是便向外尋求認可，而這種習慣很容易助長陰影。

我鼓勵你留意這種上癮行爲是基於以下幾個原因：

一、倘若這種上癮表現得淋漓盡致，那麼當你進行自我盤點時，可能無法在私人的日誌中足夠誠實。雖然我強烈鼓勵你實踐不評判，但在這個過程中，你必須讓自己自由地觀察你實際上有哪些評判。如果你否認它們，也就切斷了感受那必須感受之物的必要連結。

二、要留意及療癒這種上癮的另一個原因是，你要不就是眞實，要不就是不眞實。如果你不眞實，你會讓整個陰影功課功虧一簣，但這種上癮的影響遠遠不僅止於陰影功課。那些不眞實的人往往會同意做他們不想做的事情，即使別人請教他們誠實的意見時，他們也會給出不誠實的回答。

我的意思並不是要你變得刻薄或不友善。畢竟在這個世界上，取悅他人還是有其合適之處。然而，當你想分析及發現自己內在需要理解的部分，以便從中解脫時，取悅他人就不太合適了。因此，請對你的孩子和長輩保持禮貌與友善；但當你向內檢視自己，或你與他人一起進行陰影功課時，請務必留意自己有多常抑制自己的意見來獲得別人的認可。

獎勵日誌：你最常遷就於誰？你最渴望獲得誰的認可？你將誰的需要置於自己的之上？

取悅他人而不是誠實以對，無異於否定自己，但有時直白的誠實可能會令人感到受傷，因此要準備好在這種情況下用不同的方式來回應。倘若沒有替代的方式，這個新習慣可能會變得窒礙難行。以下是替代的回應方式的一些建議：

- 嗯，我想一下再回答你。
- 我不確定自己適不適合給你意見，但這是我的一個想法。
- 我對此有一些看法，你要不要聽聽不同的觀點？
- 我們來想想看，這樣會對相關的人怎麼樣。
- 我了解你的立場，但我可能有些保留。
- 我覺得可能還有不同的觀點值得考慮。
- 我比較喜歡你穿別的顏色，但你一定對自己的選擇感到滿意。
- 我們的關係太親近了，我真的無法在此對你坦白。
- 我需要一些時間再回答。

以上這些說法或是你想到的其他回應方式，都可以讓你有片刻的停頓時間。

對被喜歡上癮

與取悅他人的上癮密切相關的是，對被喜歡的上癮，但它們的要素略有不同。取悅他人更多是向內聚焦的，而被喜歡的上癮則表現在社交場合上。許多人會因爲缺乏自信而在社交場合中感到彆扭，因此你的被喜歡的渴望會與你的不安全感互相交戰。這會讓你在群體中同意某些觀點，只爲了融入群體的思維。與他人交談時，你會發現自己無法眞實地回應他們，因爲你害怕說錯話。

同樣的，這些習慣／癮頭會對你產生隱藏及否認眞實的自己的誘惑，這眞是一大損失，因爲只有你能夠成爲你自己。而當你開始解放自己時，你就會開始注意到，有多少部分的自己一直在被你否認。

落實徹底的誠實：

- 你有多少次答應幫一個你其實不想幫的忙？
- 你有多少次在不想要的情況下與他人親密接觸？
- 你有多少次爲了融入某個團體或某個人而否認自己的眞實想法？
- 你有多少次因爲無法表達氣憤而怒火中燒？
- 你有多少次爲了完成不可能的任務而讓壓力累積？
- 你有多少次爲了取悅他人而否認自己的需求？

獎勵日誌：現在花幾分鐘的時間深思，並對自己澈底的誠實。然後在以下的空白行或在你的日誌中，列出你為了被喜歡及獲得認可而否認自己的方式。事實上，我們否認自己時就是問題之所在，因為這種行為只能在陰影中存在。

對自己越誠實，這個練習就會越有力量。要記住，任何我們所否認的東西，甚至是我們的需求，一旦被忽視了，便會助長陰影。我們所有未說出口的期望，也可能成爲陰影的一部分；尤其是當我們把整個責任都推給他人時。你值得擁有眞實的表達，這是此處的目標。你，做你自己，並沒有任何藉口。

你將誰置於你和你的需求之上？

你看重誰的意見更甚於你自己的意見？

你傾向於對哪種性格類型低頭？

三個可供參考的陰影盤點清單

進行自我盤點，就好比是在看一張關於你自己的傾向和挑戰的地圖。這是很重要的，並且對某些人來說可能會有難度。如同往常一樣，你要溫柔地對待自己。

清單一：在他人身上看見自己

列出生活中最令你感到掙扎的人。這些人必須包括目前生活中的人，以及那些已經不再出現在你生活中的人——你對他們、他們的行為和作風仍有強烈的感受。他們有些人可能已經不在人世，但光是提到他們的名字就能激起你情緒上的反應。（這份清單不會被任何人看到，請務必誠實以對。你越誠實，這個功課就會做得越完整。）

完成這份清單最簡單的方法，就是去留意你會在對話中抱怨誰、說誰的八卦，或一直在評判誰。（現在你會明白為何前期的準備是如此重要：你必須能夠看出自己的行為——從而看出你的創造。）

要留意：

• 任何令你感到嫉妒的人。
• 任何你會拿來與自己比較的人。
• 任何讓你感到羨慕的人。
• 任何你嚴厲批判的人。
• 任何令你感到緊張或焦慮的人。
• 任何你會說他們的八卦的人。

這些都是你的陰影的重要指標，如同我常講的，它們是等待著你去發掘的禮物。

你越是自以為是，就越表示陰影潛伏在角落裡。你要格外謹慎，因為自以為是可能會蒙蔽你的雙眼。若你發現自己對某人深信不疑，並給他們貼上各種標籤，還能細數他們那些不可理喻的行為，那麼幾乎可以確定，你已經找到了一個陰影。

在此我覺得有必要說明，現在不是把注意力的焦點放在那些曾造成重大災難或損失的個人身上的時候。我們必須先從那些更小、更容易處理的陰影開始。先從小處著手，再隨著時間逐步培養這個能力。在整個過程中，一切都應該只關乎你自己。如果你想要著手處理那些失敗的世界事件或領導人，那麼請你等到自己已經取得充分的進展，並確保你的陰影不會成為絆腳石之後再去做。

列出那些你覺得你們之間尚有缺憾的人的名字。

清單二：在情緒／感受／反應中看見你的陰影

與清單一我們檢視生活中的人物不同，清單二的盤點重點是向內檢視自己的情緒。檢視自己時，請回想你最近和稍早之前的情緒反應，然後列出那些感受最強烈的情緒。留意那些引起你注意的事物、導致你產生反應的因素、能讓你從冷靜瞬間抓狂的觸發點，以及你在關係中反覆出現的模式與趨勢。你在隱藏關於自己的行為的哪些祕密？再次提醒，如果回想這些事情時你的身體出現緊繃感，請密切注意這些反應而不要否認它們。

當你感到非常不適時可能會想停下來，但請別這樣做——繼續感受所有的情緒，並且知道這些感覺都會過去的。如果太早停止，你就會否認那些能引導你走向內在景觀中必去之處的感受。只要你的感受不會讓你陷入自我批評的無底洞，那就繼續下去。如果你真的開始感到不堪負荷，那麼你可以暫時停止盤點，並做一些本書開頭所列出的靈性修練，或乾脆明天再開始做。

清單三：陰影與你的懊悔／罪行／過失

這份清單是在盤點你的懊悔／罪行／過失。每個人都會犯錯、做出不好的決定，甚至是犯法的行為——有些是現在發生的事，而更多是在過去。現在該是寬恕自己的時候了，但同時也要明白，內疚與羞愧會使我們躲藏起來，而陰影就是我們躲藏的地方。這是最重要的清單，你或許會忍不住責備自己——但千萬別這麼做。你來到這裡是為了獲得解脫，正視這份清單並感受你的情緒，是你解放自己必經的過程。

懊悔源自於那些我們為了填補某些需求而做的決定，是這些決定使我們做出平常不會做的事。在此，我們必須再次落實不評判。對自己要溫柔、要有同情心，同時要記住：如果當時你認為自己能有所選擇，就不會做出這些事了。當我們了解更多時，就會做得更好。

【故事時間】

艾美：渴望成為演員的女子

艾美，一位充滿活力、自信又才華洋溢的二十歲年輕女子，決定要從事演藝事業。她擁有豐富的天賦，並就讀於藝術學校。但在那裡，她的指導老師對她既嚴苛又不友善，甚至會對她說出「你這樣的大腿怎麼能指望找到工作？」之類的話。

這事發生在一九八〇年代。今天比較不可能發生這種事，因為我們的藝術界正在尋求更多元化。

艾美受到了極大的打擊，感覺追夢的任何可能性都已被摧毀，因此她離開了藝術學校。現在，她已成為教師，過著平靜的生活；而她最接近表演這個夢想的，就是在當地的學校教表演藝術。

如今，艾美對過去發生的一切有了完整的覺察，並且可以選擇為這條帶她走到今天的道路送上祝福，以及不把那段無知的歲月對她造成的傷害放在心上。她現在可以找到內心的平靜，重要的是，她在內心認可了這條帶她走到今天的道路。

我們的陰影來自各種不同的影響；除了我已經提到的，還要留意那些被扼殺的夢想和未實現的目標，它們其實也隱藏在我們的陰影中。

自我盤點的輔助

我已製作了幾個表格來幫助你發現，那些最容易激起你的反應的性格類型。這些方法是為了幫助你搖落樹上的果實，以便從中成長。完成這些探問功課後，請慢慢地進行以下的步驟。試著排除所有干擾，專注約三十分鐘。

獎勵日誌：拿出盤點清單

一、列出你最難相處的人。（即使問題其實並不在他們身上）

二、確認這些人的性格特徵和行為。

三、誠實地記錄你對他們未經修飾的評判。（這並不代表你的看法是真實或正確的，它只是你的觀點。同樣的，重點是你必須追蹤自己對他們的情緒反應。）

四、想到這些人時會激起你哪些情緒？（你的感受是了解自己是什麼樣的人最關鍵的部分。透過這個自我盤點的功課，你會發現這些情緒的模式，而它們將引領你看見自己的陰影。）

我要在此澄清一點：你必須明白，那些列在清單上的人並不是問題所在，他們不是你的痛苦與折磨的根源，但他們確實爲你提供了一條通往陰影的線索，而當你循著這條線探索時，最終會回到自己身上。如同我曾說過的——沒有外面的世界，也沒有其他人。

感受、情緒、反應……哇！這些都是我們去感受並從中成長的養分。它們或許看似令人難以招架；事實是，你已經耗了一輩子的時間在逃避這些感受，或者根本不曉得該如何應對或處理它們。因此你把它們藏起來、掩蓋它們、合理化它們，甚至透過藥物、酒精、購物、性、食物等方式來澈底逃避它們。事實上，把它們藏起來和逃避，這兩者的結合才是問題所在。如今是情緒健康、情緒智商、尊重自己的感受，以及認識壓力與創傷的關係，首次站上了重要的位置。

你的感受其實是一種祝福，無論是愉快或不愉快的。現在該是學會接納，並且不再排斥自己的感受的時候了。別忘了，你當初就是因爲排斥自己的感受才走到今天這個地步。我們大多數人都在對情緒的力量毫無了解的家庭中長大，更甭說處理情緒的技能了。但這並不代表你生活中的人有錯，他們只是缺乏這方面的技能。畢竟我們大多數人一開始都沒有這方面的技能。

要記住，當我們評判和譴責他人時，我們是在鞏固自己的看法；事實上，這些看法其實就是我們暗中對自己的看法。隨著這個功課的展開，你要開始練習爲生命中的每一個人祝福，尤其是那些出現在你清單上的人，因爲他們是你最寶貴的禮物。是的，你可以堅持自己的正義，繼續譴責他們；但這些譴責只會加重你試圖突破的情緒障礙。你永遠都應該問自己這個問題：當我療癒了這段關係，我會成爲什麼樣的人？與這個人在一起，我了解到關於自己的哪些力量？

根據你自己設定的功課進度和焦點的集中，你的情緒強度可能會水漲船高，甚至可能會引發那些令你感到有點難以招架的情緒。如果你願意的話，可以放慢腳步，並立刻制定行動計畫來好好地照顧自己、溫柔地對待自己。在自我盤點告一段落後，你可以做一些溫柔的事情來平衡：也許是去散步，或是打電話跟朋友聊天。如果你聽取了我的建議，邀請朋友一起做陰影功課，那麼這可能是聯繫並分享你們的功課的恰當時機。務必要記得使用正向轉念祈禱的腳本，因爲它們正是這個陰影功課的魔力所在。

無論你是宗教信徒、靈性追求者，還是不可知論者/無神論者，使用這些腳本來引導你的心思走上特定的道路，就好比仙女褓母（Mary Poppins）所說的那樣：「一匙糖能讓藥更容易下咽。」在《愛的陰影功課》中，那些充滿愛與肯定的話語，可以讓這個功課變得溫和又更容易接受。

個人見證：

如果沒有從童年的性虐待中健康的活下來，我也不會是現在從事這個工作的我。我絕不希望任何人遇到這樣的事；但既然它已經是我的人生經歷的一部分，我不妨從中擷取益處。

這就是我所謂的健康的活下來。雖然我早期的童年歲月充滿了家庭暴力、酗酒、暗中遭受性虐待的故事，但事實就是事實。我無法改變曾經發生在我身上的事，但我可以控制自己在內心要如何承受它、與它相處、描述它、解讀它，以及它如何反映在我的現今生活中。

我們的人生不是僅限於發生過的事，也不是僅限於我們的故事或記憶。事實上，我們的人生直接源自於我們如何在意識中看待它們，以及我們賦予它們多少力量。我的過去無法決定現在的我，因此我總是在當下肯定自己的完整性。我做自己的情緒功課；我操練寬恕，並發現自己的陰影。我有極大的信心，知道自己之所以來到此處，不是「儘管」發生了這些事，而是「因爲」發生了這些事。我祝福這條帶我來到此處的道路；我祝福這條道路上的所有人；同時也爲我自己的力量與勇氣而祝福我自己。

當你的自我對話充滿了愛與善意時，你總是能安心地接受自己的眞實樣貌。你是你的故事、你說的話語和你投注的情感的積累；但你必須記得停止評判自己，因爲評判會中斷我們的療癒。

你如何看待自己？

這是讓你更熟悉那些似乎總是令你感到意外、或你最常感受到的令人討厭的情緒的另一種方式。深入探索自己的價值在於，你會越來越熟悉自己和自己的情緒。隨著你學會辨別自己的情緒，它將爲你帶來長久的好處。

誠如蘇格拉底所說：「認識你自己，就掌握了宇宙的鑰匙。」你內在有一個龐大的、專屬於你（以及你的眞實身分）的資訊寶庫。當你越了解自己和人生的因果關係，你就會越愛自己、越疼惜自己。永遠要記得這句話：**我值得我所投入的這個功課，以及隨之而來的所有回報。**

誠實的評估

回答這些問題時別想太多，要不假思索地回答。這個練習會用到你的日誌。

突然面對憤怒的人時，我＿＿＿＿。

在一群我不認識的人當中時，我往往會＿＿＿＿。

覺得有人對我撒謊時，我＿＿＿＿。

感覺不安全時，我＿＿＿＿。

獨自一人在黑暗中時，我感覺＿＿＿＿。

擔心孩子的時候，我通常＿＿＿＿。

面對工作上的挑戰時，我的第一反應是＿＿＿＿。

感到責任的壓力過大時，我往往會＿＿＿＿。

在不確定的時候，我發現自己會＿＿＿＿。

當朋友或家人處於危機中，我＿＿＿＿。

想到自己未來的財務狀況時，我＿＿＿＿。

面對個人的錯誤時，我＿＿＿＿。

當我感到被拒絕或被排除在外，我＿＿＿＿。

當我取得成功或成就時，我＿＿＿＿。

感到寂寞時，我通常________。

想到自己的健康時，我________。

遇到必須為自己挺身而出的情況時，我________。

面臨困難的決定時，我________。

感到不受賞視或不被重視時，我________。

對即將到來的事件感到焦慮時，我________。

反思自己的個人成長時，我________。

因為時間和截止日期而感到壓力時，我________。

享受平靜與安寧的時候，我＿＿＿＿＿＿＿＿。

跟親人鬧得不愉快時，我＿＿＿＿＿＿＿＿。

想到過去的錯誤時，我＿＿＿＿＿＿＿＿。

看看自己的回答，感受一下身體的反應，並聆聽內心那個充滿意見的微弱聲音。對於自己所寫的內容，你有什麼感覺？更重要的是，你如何解讀這些答案對於你自己的意義？

［故事時間］

漢娜：來自新英格蘭的三個孩子的母親

漢娜曾參加我的寬恕課程和陰影課程，處理各種家庭問題，其中最主要的癥結點就是她的姊夫，每次碰面她都感到宛如芒刺在背。她也說不上來到底是怎麼一回事，但總是為他們之間不斷發生的衝突感到困擾——他們要不就是互唱反調，要不就是故意迴避對方。

透過這些課程，漢娜將注意力放在這段關係上，並找出姊夫身上所反映出來的自己的陰影。她寬恕了姊夫和他的行為，同時也寬恕了自己在這段關係中的角色。就在完成這個深入的功課後不久，漢娜的姊夫要來家裡拜訪。她已經做好了心理準備，迎接他們一如往常的緊張互動。出乎意料的是，當姊夫踏進門時，他看起來彷彿變了一個人——所有令人感到不舒服的氣氛和互動都消失了。而且一年後的今天，這種轉變依然持續著。

當你投入這個功課並獲得療癒時，表面上看起來，好像與你有關係的那個人改變了，儘管對方其實並沒有。真正改變的是你，是你轉化了你們之間的能量。這看起來像是奇蹟，但事實並非如此，這其實是你完成這個功課後自然會發生的事。

陰影的創傷

根據出生在布達佩斯的加拿大籍醫師嘉柏．麥特（Gabor Maté）的說法，所有人都有創傷——無一例外。麥特教導說，創傷並不是你外在發生了什麼，而是你內在發生了什麼的結果。以一個目睹家庭暴力的孩子爲例，她還不具備處理目睹這一切所引發的情緒的能力，因此這些情緒反應就會被儲藏在她的身體內。她的生活看起來一切如常；實際上，她正在適應一種連她自己都可能沒察覺到的新「常態」。這段深藏在她心靈中的記憶，日後可能會以恐懼的形式浮現，或成爲一段被否認及排斥的記憶，甚至投射到那毫無戒備之心的伴侶身上。除非她意識到這個陰影，否則她的人生很可能會吸引來那些強化她對於關係與暴力的信念的人，但她會認爲這一切都是外在世界造成的。

我們的任務是不帶評判地追蹤生活中的觸發點；認識到它們是自己的心靈中的陰影信號；承擔起對它們的責任；透過認知確認來療癒；運用正念與轉念來讓那些不被接受的部分得以回歸。一旦回歸，陰影的部分將不再需要投射到他人身上，而我們也能重新變得完整。

創傷與陰影是人的心理景觀與情感景觀緊密交織的兩個面向。創傷指的是那些令人感到痛苦、往往對人生造成改變的事件或經歷，它們已經超出了個人的應對與處理的能力。創傷的影響可能會在人的生命中投下沉重的陰影，因爲它往往導致那些強烈的情緒、記憶以及當時必要的生存機制被壓抑下來。這些被壓抑的要素會成爲陰影的一部分，並影響人的想法、情緒和行爲，而這種影響往往很難被立即察覺。

對於那些經歷過創傷的人，陰影功課成爲一條通往療癒的重要途徑。透過承認及面對那些被壓抑的情緒，一個人可以逐步地處理這些創傷的經歷，並將它們整合進入有意識的覺察中。這種整合使陰影得以療癒及轉化，從而減輕情感與心理上的衝擊。必須注意的是，創傷的復原與陰影功課可能是充滿挑戰又極爲敏感的過程，往往需要合格的治療師或諮商師的引導與支持。請務必要照顧好自己，因爲我不希望你再次受到創傷。

接下來的幾個步驟

小時候，你或許曾被哥哥或年長的表親耍弄，問你要不要玩「五十二張撿牌」的遊戲。如果你沒聽說過，這是捉弄那些毫無防備之心的小孩的遊戲：你興沖沖地答應後，對方便把整副撲克牌拋向空中，然後告訴你，你的任務就是把它們全部撿回來。陰影功課也可能感覺有一點像是這樣子。如果你現在感到有點暈頭轉向，像是打開了一罐噁心的蟲罐頭，讓你眞的不想繼續這個功課，可是內心又明白這是通往完整性的必要步驟，我一點也不會感到意外。

希望你有遵從我的指導，爲完成自我盤點、投入這個功課而給自己一些獎勵。多年來，我教導過成千上萬的人做陰影功課，而其中最令我驚訝的一點是，光是進行自我盤點就足以令他們緊張萬分。有時候，他們會因察覺到自己的評判造成了某些痛苦而感到難過，但同時他們也逐漸明白，所有通往脫胎換骨的改變都源自於內在。

在擴展自我覺察的同時，看清楚自己過去一直以來的樣貌，往往會帶來一絲痛楚。沒錯，覺察是有療效的；但首先，它會感覺刺刺的——有時候甚至是刺痛。因此，千萬別評判自己而引發羞愧感，請多善待自己。認清自己的眞實樣貌，是你能爲自己和身邊的人做的最充滿愛的事，但這個過程確實會伴隨著某些痛苦和不適。

根據你所選擇的快慢步調，我們將在這一週或這個月稍微再更深入地檢視那些在盤點清單上的人。我們要做的事情是，將這些人的名字分別寫在日誌的獨立頁面上，然後運用本書的靈性修練來轉化這些人。一開始，你可能會覺得這有點困難又複雜。然而當你完成前幾個之後，就會開始輕鬆上手了。

【故事時間】

葛莉絲與史蒂夫的成功故事

為了教學目的，我將與你分享一個成功的故事。葛莉絲在她丈夫和丈夫的事業合夥人史蒂夫的公司工作。然而，出於某種原因，葛莉絲和史蒂夫完全不合拍。他們表面上的以禮相待是迫不得已的，實際上她與丈夫的合夥人總是合不來。

葛莉絲做陰影功課時發現，她有一個陰影是源自於小時候的經歷——她的父親對母親不忠。父親告訴了她這件事，她不得不保守這個祕密並為此深感內疚，因為她覺得自己背叛了母親。葛莉絲知道史蒂夫是個風流的人，因為她在辦公室親眼目睹了他的行為。她強烈地批評史蒂夫並感到內疚，因為她也認識他的妻子。

在此，你需要知道整個故事的背景：葛莉絲不僅與史蒂夫合不來，事實上，她自己也是個不忠的妻子。因此，葛莉絲處理陰影的方式是將它投射出去，然後自己也做了她所批評的行為。

數年後，葛莉絲找到了我和我教導的陰影功課，並選擇勇敢地投入其中。她的勇氣令我深受啓發。當她了解到自己對母親的內疚和對父親的批判，導致她排斥這種性格類型的人，並看見自己也在縱容這種不忠的行為時，一開始她是非常痛苦的。但是接下來葛莉絲開始操練寬恕——她寬恕自己受到父親的影響、寬恕自己的評判、寬恕自己將這個陰影投射到他人身上——而當她將自己這個充滿內疚的部分帶回家時，她找到了內心的平靜。

不僅如此，葛莉絲還停止了對這種行為的批判、不再參與這種行為，並且寬恕了自己的不忠，因此也沒必要再批評她丈夫的合夥人了。她變得自由了。自由並不表示認同這種行為，而是她不再受到他人出軌行為的影響。她完全解脫了。

將否認的部分帶回來

這裡有幾個腳本可以幫助你進行這個功課。非常推薦你用自己的聲音錄製下來，然後在晚上睡前聽一聽。今日的科技讓這件事變得非常簡單。如果你有手機，它可能已經具備錄音的功能。

將自己的部分帶回家

把你發現的陰影焦點的具體內容寫下來。

今天＿＿＿＿＿＿（日期），我＿＿＿＿＿＿（姓名）宣告，宇宙的愛與智慧賦予我力量，使我能在生活中做出重大的改變。我清醒地領受我與生俱來的神聖權利。當我選擇面對這個陰影（陰影的名稱），並邀請被排斥的這部分回家時，我知道自己可以成為什麼樣的人。

我祝福這個陰影，感謝它提醒我它的存在。我要放下所有與它相關的痛苦與不適，並選擇以全新的方式來感受它。我選擇有意識地將這曾經被拒之門外的部分帶回家，回歸到我的心靈與靈魂中。我再也不會排斥這部分的我；相反的，我會呼喚它回家來讓自己回到更大的完整性。

我要為它曾經激起的所有感受送上祝福，並寬恕自己曾經賦予這個陰影傷害自己或他人的力量。我值得擁有這美好的轉變；我值得擁有自己的完整性，以及全然地在這個世界展現自己的一切。

接受自己的美好的明確聲明

作出一個聲明來宣告這個過程已經完成。

關於肯定語的構思，你已經耳熟能詳；如今，世人已經開始認識到精心構思並經常使用正向話語的影響力。在你深入並汲取自己的獨特力量源泉（無論它對你而言是什麼）之前，這裡有一些簡要的提示。請擁抱你的勇氣與創造力，來為自己構思強而有力的肯定語。

以下是構思肯定語必須考慮的幾個要點：

- 使用大膽又出色的話語——能令你感到興奮的措辭。
- 使用具有高度肯定性的話語。
- 以第一人稱書寫。
- 用現在式——不要有未來的預設。
- 運用你的想像力，讓自己覺醒於真正的自己。
- 讓這句話充滿你的「理由」所燃起的那份熱情。

例：我接納自己的每一分每一毫，因為我所有的部分都已整合為美麗又完整的自我。我是完整又值得的。

現在，輪到你了：**要大膽一點**。

雖然我已經提供了一些整合的方向，但你會發現，這個過程需要經過一段時間才能讓你感到得心應手。隨著時間的推移和充分的練習，這個過程會開始變得順暢起來。每一步都會自然地引出下一步。總有一天，你將能毫不費力地看出當下發生了什麼，並整合眼前的一切。這就是我們的目標。我個人並不喜歡任何過於複雜的自助方法或潛能開發。如果你能專注於當下的感受，而不僅僅是用思維去處理，那麼你將重建一種新的迴路來簡化這個過程。

以前我需要幾個月才能處理好的事，現在只要幾分鐘就能完成。我現在能在幾分鐘之內從心煩意亂——發現陰影——轉換到疼惜自己及讓我獲得解脫的寬恕。這是我堅持不懈、保持堅強的個人獎勵，同時也是我將目標設得如此之高來讓它引領我的行爲、覺察與選擇的回報。如今，我得以沐浴在自由之中。

接下來，你將逐一地處理名單上的人，請稍作停頓來做好準備。在開始眞正執行將自己的部分帶回家的任務時，請記住以下幾點。請相信這些提醒，它們是我多年的經驗結晶。這些提醒會被列在這裡，是因爲它們非常重要：

- 過去的各種處理過程，無論是在過程之前、當中還是之後，都要維持我建議的那些靈性修練。
- 慢慢來。
- 要對自己溫柔——不要評判。
- 允許自己去感受所有浮現的情緒，不要畏縮，你會沒事的。
- 需要休息時就停下來，並在做功課時保持深呼吸。
- 別忘了享受你設定好的獎勵——它們將幫助你重建大腦迴路。

自我反思三個問題

這三個問題爲你鋪設了道路，讓你可以從當前的狀態達到你希望完成的目標，只要你對自己保持徹底的誠實和自我反思。

這三個問題分別是：

• 我是那樣的嗎？
• 我曾經是那樣的嗎？
• 我對那樣的行為會產生評判或反感嗎？

徹底誠實地回答這些關於自己的反應的問題，將是你接納自己的陰影並將各個部分帶回家的最佳捷徑。這些問題同時也引導你為自己的世界負起責任。我來加以說明。

問題一：我是那樣的嗎？

當你看到某人做出你會批判、感覺不悅或激起反應的行為時，在你開口表達不滿之前，先停下來問自己：**我是那樣的嗎？**

這一階段需要徹底的誠實。不然的話，就是欺騙自己並錯過了完美的療癒機會。如果你的回答是：「是的，我是那樣的。」那麼，你已走進一座關於你的真實身分和你的陰影的金礦，並且只要付出一些額外的努力——尤其是不要批判自己——你便能接納自己被否認的那部分而走向完整。

如果你的回答是否定的，那麼就進入問題二。

問題二：我曾經是那樣的嗎？

如果你對第一個問題的回答是否定的，這意謂著你目前並未表現出你所注意到的那些特徵或行爲，也沒有做出反應。如果你對自己保持誠實，那麼眞正的問題是：**我曾經是那樣的嗎？**我曾經以這種方式或類似的方式做出那樣的行爲嗎？

如果答案是肯定的，那麼同樣的，你已經發現了自己被否認的那部分——這個部分需要被接納，並且很可能需要被寬恕。別忘了，這個行爲之所以出現在外界，是因爲它受到你的排斥；但現在你可以把這部分帶回家，而這將讓你邁向整合與完整性。完整性會吸引來截然不同的現實，儘管這將是終生持續在進展的事。

如果你的回答是否定的，那麼就進入問題三。

問題三：我對那樣的行為會產生評判或反感嗎？

我們對待這個問題與其他的問題稍有不同，因爲它很容易被濫用而使探問者無法爲陰影的產生負起責任。我們來解析一下。

你從未出現過自己目前所看不慣的那些行爲表現，這是完全有可能的。然而，如果「外在世界反映了你的內在世界和你否認的部分」這個理論是正確的——它確實如此——那麼從邏輯上來看，你與這種行爲在某方面還是有關聯的。事實上，對某種性格類型持有強烈的看法、評判和反感，會使你與那種人或性格類型緊緊綁在一起，而這正是爲何這種情況會發生的原因。

以我個人的見證來示範說明。

我的母親酗酒，那是很不堪入目的景象；此外，隨著我的成長，我對她的評判是軟弱無能。因此，儘管我從未有過飲酒或藥物濫用的問題，但我對那些不願戒酒的酗酒者深感厭惡。不僅如此，我對感覺自己軟弱又無能這件事更是深惡痛絕，這才是對我最大的打擊。

那麼，將這三個問題套用到這個情境中會是這樣的：我是那樣的嗎？不，我不是。我曾經是那樣的嗎？不，我不是。我對那樣的行爲會產生評判或反感嗎？當然會！而且我超討厭在生活中感覺軟弱或無能。這種感覺會讓我排斥任何表現出這些特徵的人。

當我們實踐澈底的誠實，並勇敢地面對這個過程、誠實地回答這些問題，我們將透過寬恕及接納那些引導我們回到自己身上的部分，而得到邁向自己的完整性的指引。

這三個問題是這個功課的核心。只要經常練習，你便能看見陰影、問自己這些問題，並迅速地被引導回到自己身上。

我們看得越深、越誠實，就越需要懷著愛自己和溫柔的態度來配合這個旅程的焦點。以下的轉念練習是爲了幫助你繼續深化內在的旅程。

轉念練習 10

接受自己的一切

我召喚天地萬物的愛來作爲我的指引、道路和力量。我爲自己而現身於此，並堅信自己是完全值得的。我值得擁有自己的美好和轉變。

我再也不會批評或批判自己，無論是大聲說還是對自己說。今天開始，我要懷著極大的愛和同情心來看鏡中的自己。我尊重自己的旅程，並爲自己擁有反觀內在來回應外界的勇氣而相信自己。我的意識看見了那必須被看見的東西，同時我也記得不要賦予那些東西任何力量。我的人生反映出我自己那些遺失和被排斥的部分；但我每天盡一切可能的方式，開始愛自己的眞實樣貌，並將自己的一切帶回家。

隨著我越來越接近完整，我走路、行動和回應的方式也不一樣了。我感謝這個法則，它聽取我說的話並付諸實現。我懷著無限的感恩吐露這番心語來讓它成爲事實。

誠心所願。

陰影功課的兩種方法

陰影功課是錯綜複雜的個人旅程。爲了讓這個過程盡可能有效及引起共鳴，我提供兩條不同的途徑。這兩種方法都是爲了減輕你的負擔，但路徑的選擇必須符合你個人的需求和性格。你的主要目標是轉變焦點、放下痛苦的執著，並提升自己的內在光明。至於投入的時間和路徑的選擇，都是由你自己決定。

一、透過關係

了解在他人身上反映出自己的陰影，能帶來清晰的覺察。雖然這是內在的功課，向外看似乎違反了我們的預期；但我們往往更容易在自己對他人的反應中，首先看見自己的陰影。我們將目光投向外面的他人，是因爲這是過程中較容易做到的部分，好讓你在首次接觸這個功課時便能夠輕鬆上手。

簡單舉個例子：我跟心胸狹窄的人處不來；但如果我對自己誠實的話，我可能會發現自己也是心胸狹窄的人。因此，這就引發出注意力的問題：重點是別人，還是我自己？如果我實踐澈底的誠實，承認自己心胸狹窄；那麼我可以選擇接納自己的這一點、改變自己的行爲，並停止批判自己，如此一來，我自然也會停止批判別人的心胸狹窄。

關鍵步驟：

- 確認難以相處的關係：找出你感受到摩擦或不舒服的地方。
- 選出重要的人：優先處理目前生活中對你至關重要的人。
- 評估你的評判：反思你如何看待或評判這個人。
- 自我探問：問自己三個問題：我是這樣的嗎？我曾經是這樣的嗎？我對這樣的行為會產生強烈的評判或反感嗎？你的答案將決定接下來的作法。
- 情緒分析：說出這個人引發了你哪些情緒。
- 追溯情緒：回想最早的記憶，看看是否有過同樣的感受。
- 整合與療癒：透過寬恕或轉念來重新整合這個陰影部分，並對它揭示的眞相表達感激。
- 考慮其他的關係：也想一想婚姻、家庭、職場、政治或親密的關係，並認知到這個過程會根據經歷和創傷的不同而有細微的差別。

二、透過直接的情感探索

雖然直接深入你的情感陰影會很激烈，但同時也能獲得極大的回報。這種方法會要求某種程度的情感深度和靈性深度。我得稱它為進階級選項，因為你必須不再被他人分散注意力，而是完全專注於你自己、你的情緒和你的感受。它需要更多的專注力，但是它更直接，並且會讓你感到更有力量。這也是承擔責任的練習派上用場的地方。我提供的所有練習都是對療癒你的陰影有其用處的。

要探索的情感

- 批評
- 憤怒
- 嫉妒
- 內疚
- 羞愧
- 恐懼
- 不安全感
- 過度反應
- 完美主義
- 受害者心態
- 討好他人
- 控制問題
- 自我破壞

雖然這個清單還不夠全面，但它爲初步探索提供了堅實的基礎。無論你是選擇透過關係還是直接的情感反思來處理你的陰影，這兩條途徑都是有效的。關係的方法通常需要長時間的決心，因爲你一次只處理一個關係動態。相比之下，直接的方法雖然比較複雜，但它能提供更廣泛的療癒。無論你選擇的是哪一種方法，其目標都是重新整合自己那些被否認的部分，並邁向內心的和諧與平靜。

這兩種方法的區別在於：

第一種方法是著眼在你生活中難以相處的人，第二種方法則是直接面對你的情緒。大多數人選擇將這兩種方法合併使用。我們確實是從注意關係開始的，因爲正是關係中的破裂使我們更快察覺到問題。僅僅處理情緒則必須願意爲自己的感受負起完全的責任。這是強而有力的處理方式，但可能需要更多的努力才能做得到。

透過關係整合

採用這種方法是希望隨著時間的推移，你能將那些難以相處的人視爲讓生活更幸福、人際關係更和諧的契機，因爲你開始對他們帶來的體驗心存感激。透過這種方式來處理我們的陰影，我們會發現，生命中的每個人都是天使，他們以我們內在那一直在等待回歸的面向來祝福我們。

透過關係察覺陰影，你要做的是：

a. 覺察某個具有挑戰性的關係。

b. 說出對方的名字及其帶來的挑戰。

c. 說出這個人及該挑戰帶給你什麼感受。

d. 問自己三個問題。

e. 問自己：當我接納這部分的自己時，我會成爲什麼樣的人？

f. 設定你的意圖、使用轉念的肯定語和某種儀式，並將你的美好視爲自己的完整性的一部分。

g. 表達感謝並說出你的美好。

透過情緒直接整合

選擇在情緒中看出自己的陰影能帶給你極大的力量。經過充分的練習，隨著時間的推移，你將不必再害怕或選擇避開自己的情緒，因爲在生活中你連珍惜它們都來不及了。哇，倘若能發展出這樣的心態——將情緒視爲禮物——這會是多麼強大的轉變。當你有了這個正念並學會解讀身體的訊息時，你便已準備好上路。

a. 說出這個情緒及其引發的挑戰。

b. 問自己三個問題。

c. 設定你的意圖、使用轉念的肯定語和某種儀式，並將你的美好視爲自己的完整性的一部分，同時問自己：當我接納這部分的自己時，我會成爲什麼樣的人？

d. 對自己從這個情緒中學到的自我認識表達感謝，並說出你的美好。

認出你的陰影

我已經提供一些工具來幫助你辨別自己的陰影，同時也提醒你，即使你是在別人的身上認出你的陰影，但這永遠與那個人無關。當你環顧四周觀察身邊的世界，甚至再往外看，你會開始發現許多不同的性格類型；有些你喜歡，但也有許多是你不喜歡的。

根據你對周圍的事物所貼的標籤不同，你的世界看起來也會不一樣。那麼，如果一個人放眼望去都只看到說謊者和騙子呢？你能猜到那個人的陰影中隱藏著什麼嗎？記住，一個人對說謊者反感並不代表他們也是說謊者，而僅是表示他們的人生曾經受到說謊者的影響；或者是說，他們曾在人生的某個時刻說過謊，但從未寬恕自己。

也許這個人需要寬恕她生活中的某位說謊者，而當她這麼做時，陰影將不復存在。別忘了，當我們接受那些部分回家時，我們就不再需要它們以陰影的形式出現。

這是你旅程中的關鍵步驟，因爲你開始擺脫對所見之事的自以爲是，而你的探問將幫助你看見完整的自己，其中也包括你所看到的陰影。每當你停止責怪他人，而開始承認他們在你生活中的價值時，你就是在爲自己的脫胎換骨做好準備。

透過充分的練習和重建思維的大腦迴路，你的世界觀將隨著時間的積累而發生改變。你的世界觀就像一副濾光鏡，而你戴著它來看人生的一切。因此你越是愛自己、樂觀及具有同情心，你就越能看見這世界的美好的事證。

以下是一些例子，說明當我們的理解和世界觀改變後，我們看世界的眼光也會不一樣。這是進行這類功課的另一種回報，同時它也會為你帶來內心的平靜。當你停止評判，並學會超越他人的行為而懷著同情心去看他們的動機時，你將會獲得平靜、輕鬆與優雅的回報。

理解前：一看到憤怒又惡劣的人，就覺得他們應該受到批評。

理解後：現在你知道，他們是在指引你去愛及接納自己和他人的真實樣貌。

理解前：根據他人的樣貌來評判人。

理解後：意識到你其實經常在評判自己。

理解前：認為男人都是恃強凌弱，或女人都是嘮叨不休。

理解後：你開始意識到，你是在應對過去那些令你感到掙扎的人際關係。

陰影永遠代表著
你那些未實現的自我面向。
我們尋求整合，
將屬於自己的部分迎回家。
整合得越多，你的內心就越平靜！

理解前：總是對有力量的女性感到不安。

理解後：意識到自己其實是羨慕她們，並且明白這與她們無關。

記住，是你的小我將這個陰影投射到他人身上，好讓你能規畫回家的道路。你的小我愛著你，並且希望保護你；但它是如何被創造出來，以及如何展現它自己，則往往是個謎。心靈的資源非常豐富，當它與你的小我結合時，便能創造出有趣的人生體驗。

只要你能下定決心，在一段時間內保持穩定的練習，它將使你變得更強大。每一次克服內心的混亂來戰勝陰影，都將使你變得更有力量。

這是你學習過程中的關鍵時刻。因爲你將開始了解到，那些看似分離的部分如何一起運作來爲你服務。你會明白，你的內在世界投射並創造了你的外在世界，而當你療癒自己時，外在世界也會反映出你的療癒。這是多麼棒的禮物啊！

如果美是在觀看者的眼中，那麼同樣的，你的世界也反映了你如何看待它及描述它。

- 在你眼中，人生是個樂園，還是一個挑戰？
- 你覺得世人是貪婪又不誠實的，還是看到世上慷慨的人們？
- 你用什麼眼光看世界，就會看到什麼樣的世界。
- 你怎樣評判自己和世界，就會反映出什麼樣的世界。這就是爲什麼不要將力量交給外在的任何事物是如此重要。

陰影的挑戰就在於我們很難看見它及認出它。你越快放下自己的羞愧和自我批判，就越能放下自己的評判來愛它及接納它，並迎接這個部分回家。

堅持下去，內在的平靜即將到來。

肯定語：隨著我的理解越多，我療癒的力量也越大。

爲陰影命名

在自我探索和個人成長的過程中，爲你的陰影命名是非常有用的工具。當我們發現自己那些被隱藏或潛抑的人格面向並爲它們命名時，我們便能掌控它們、將它們帶進我們的意識光明中。這個過程至關重要，因爲那些未被承認和命名的部分，往往會無意識地影響我們的思想、情緒與行爲，從而影響我們的關係、決策和整體的幸福。

爲你的陰影命名，是將那些你認爲不可接受或令人感到不舒服的自我面向褪去神祕的面紗，並使它們更人性化的一種方式。當你賦予這些特質或情緒名字時，你便在自己的意識心與無意識心之間搭起了一座理解的橋梁。這種覺察使你能面對及探索這些陰影的要素，最終將它們整合爲你的自我概念。當你爲陰影命名時，你便開始爲它在你生活中的影響負起責任，從而使你更有力量做出更符合眞實自我的有意識的選擇和決策。如此一來，你便爲個人成長、自我接納，以及與他人建立更深入又更眞誠的連結鋪平了道路。

此外，爲你的陰影命名也有助於你疼惜自己。它讓你能用同理心與理解的態度去面對自己隱藏的面向，並認識到這些部分的存在是有其原因的，它們往往是源於過去的經歷、恐懼或未解決的衝突。當你爲陰影命名時，它將變得不再那麼可怕與令人畏懼，並使你更容易去處理這些隱藏的要素，從而將它們轉化爲力量與自我覺察的來源。

說到底，爲你的陰影命名是一種非常有力量的愛自己與自我接納的行爲，它讓你成爲更加整合又更眞實的自己。本書及整個陰影功課的重點就是要多愛自己。如同我之前說的，**受傷的人會傷人，但療癒的人會去愛，而愛將成爲你留下的遺產**。

在陰影功課的某些圈子中，爲陰影的部分命名是很常見的作法。由於我擔心沒有經驗的人可能會陷在爲陰影命名的過程中而疏忽了其他事情，所以這並不是我常用的方法。因此，我會提供這種版本的陰影命名方式，希望能對你有所幫助。不過要保持警覺，因爲我們最不希望發生的，就是讓你產生這些陰影是「他者」的感覺。

在進行這個過程時，可能有些陰影會比其他陰影更加頑固。對於那些持續存在或比較麻煩的陰影，請找出當初這個陰影出現時你的年紀是幾歲（你可以用我之前教的「感覺並跟隨（feel and follow）」的方法來發現這些頑固的陰影。）

舉例來說：你與一位鄰居處不來，因爲你覺得他對於財產界線的要求不合理，你們的所有交流都是粗暴又不友善的。你每次與他互動都會感到緊張。在你坐下來爲引發這種情緒的評判命名後，一段記憶浮現了。當時發生這件事時，你是幾歲？

範例：把你的名字和當時的年齡結合起來，把它變成——

瑞秋，我那八歲的擔心又緊張的自己。（始終要將你的名字與這些特徵連繫起來，這樣你才能擁有它。）

瑞秋，我那五歲的驚恐的自己。

瑞秋，我那十二歲的孤獨的自己。

爲陰影命名並與年齡連繫起來，將有助於你在陰影浮現時認出它。

陰影功課的這部分可能有一點趣味。同樣的，無論是什麼方法，能爲你帶來轉變才是最重要的。檢視一下你那些有某種傾向的陰影，並花幾分鐘的時間列出這些陰影的名字和年齡。

陰影特徵	連繫的記憶	年齡	陰影的名字
例一：刻薄又不友善	被學校的孩子欺負。	十一歲	膽小鬼蜜雪兒
例二：批評聰明的人	父母沒受過教育並對此感到羞恥。	十歲	絕望的蜜雪兒

在進行任何步驟時，別忘了保持輕鬆，以及保持你的幽默感。完成這些作業應該能幫助你發現自己的陰影，如此一來，你便可以與陰影一起合作。如果在過程中你感到不堪負荷，請尋求專業的支持來進行這個功課。畢竟不是每個人都能在沒有指導的情況下完成這個功課，你必須了解自己的極限。

此外，還有兩種命名的方式：

一、雖然我個人並不偏好爲陰影命名，但你或許喜歡這個點子。如果是這樣，請爲你的陰影取一個親密又帶有愛意的名字。你可以從看待內在小孩的角度來命名，讓這個名稱代表那個面向的你。

二、你的黃金陰影（Golden Shadow）。如果你正在爲陰影命名，那也爲你的黃金陰影取名字吧！這部分的你想要被看見和表達。在做這個功課的過程中，他/她/他們需要被讚揚。（關於黃金陰影的更多內容，請參閱本書的〈維持篇〉。）

謝謝你，陰影

當你終於能感激那位「天使」（你的陰影），感謝它向你展示了陰影的禮物，以及它如何干擾你的安寧時，你就會曉得眞正的平靜。你的任務是從指責、評判、自以爲是和優越感，轉變爲接納與感恩。

你的盤點清單上的每個人其實都帶著一份禮物——他們指引我們走向那被排斥和否認的部分，而這個部分會被投射到其他人身上，繼而引發我們的關注。然而一旦我們了解到，我們始終是在應對自己的思想、情感、信念體系和心靈時，我們就會開始期待這些禮物。我們將會開始感謝那威脅我們的上司，倒不是因爲我們活該被恐嚇，而是因爲我們本應接納自己那引發陰影的部分，並慶祝自己的成長。

是的，每當你療癒一個投射在別人身上的陰影，你就會在個人的平靜和力量中成長。每當你收回一個陰影，你就會變得冷靜、回到穩定的狀態，並展示出你的個人力量，而這股力量會比你長期以來的任何時候都更爲強大——主要是因爲你一直在隱藏及評判自己和你的陰影。

想像這樣的場景——眞的去想像，就像是在鬧著玩一樣——把場景中的每個人都想像成卡通人物：

在某個夏日，你走進一場派對——也許是朋友的孩子的生日宴。每當你認識一位新朋友（他們看起來都像卡通人物），當他們伸出手來和你握手時，他們不是說：「你好，很高興認識你。」而是說：「嗨，我是來惹毛你的，同時也爲你帶來耐心的禮物。」

或是試試其他的說法：

- 「嗨，很高興認識你，我是來幫助你看見自己固執的一面。」
- 「嗨，我是來讓你看見自己有多討厭那些狂妄自大的人。」
- 「嗨，我是來提醒你自己成長了多少，以及你現在能怎樣應對那些酗酒的人。」
- 「嗨，我很開心能成爲閃耀的榜樣，讓你看見你知道自己可以成爲的樣子。」（這是我們的「黃金陰影」。）

愛與感恩都是極具療癒力的個人特質。當我們將這兩者結合，運用在如此神聖的練習中，生命的煉金術便會開始轉化而帶來更美好的人生。我來說明這個概念。（再次強調，以下故事中的人物都是化名，並已徵得當事人的同意分享這個故事。）

想像一下，
你在人生旅途中遇見的每個人，
都是來送給你一個被你否認的自己，
而你也出現在他們的生命中，
幫助他們找回自己被否認的部分。
這就是這個功課的神奇之處——
只要我們能不再責怪他人。

［故事時間］

挑剔的鄰居

席拉是我的學生，她帶著內心的掙扎來找我，因為她察覺到自己的一個陰影。與她交談之後，我發現她其實是被自己展現在這個陰影中的力量嚇住了。她感覺很不自在，因為在與一位挑剔的鄰居發生小爭執後，她不喜歡自己應對這情況和她自己的感受。

確定這位鄰居和這件事所引發的情緒後，我們便追溯她的經歷回到童年，並且很快就發現她其實一直在應對某種內化的創傷，而這位鄰居——儘管是無意的——觸發了這段創傷。

一旦我們發現她的陰影面向和她正在應對的情緒，席拉便能將注意力從鄰居的身上移開。她開始向內探索，追溯這段經歷至早年的記憶，並且明白了自己的生存機制及其形成的原因。同時她也了解到，若能接納自己的陰影而使自己變得更強大，她將會更有力量來應對這位挑剔的鄰居。

於是，她不再試圖去理解鄰居為何要把社區的生活搞得有點棘手，而是將注意力轉向內在，同時我也開始為她提供以下的話語（以席拉為第一人稱）：

「此時此刻，我要從感謝我的鄰居開始。是的，我感激他，因為他已經展現出他是我生命中的天使。我感恩能看見自己那受到評判和排斥的部分。當我帶著覺察的意圖向前邁進時，我看見並接納這個部分的我回家。當我選擇愛與接納而不是評判與自以為是時，我開始看見越來越多的可能性。謝謝你，我的鄰居。現在的我更加完整了，並且準備好迎向未來。我甚至能相信，我們下一次的互動將會充滿了愛。」

轉念練習 11

整合

以這個轉念爲範例，用你自己的話寫出來：

謝謝你，＿＿＿＿＿＿＿＿＿＿，感謝你出現在我的生命中，讓我看見自己排斥的那一部分。我現在明白，接納這個部分並帶它回家，將引領我走向更完整的自己。我感到很抱歉，因爲我將自己的不舒服歸咎於你，而沒有自己承擔這個感受的責任。現在，我要負起這個責任，並懷著自豪與渴望踏上這趟回歸完整性的旅程。

在這裡練習感恩，請填入空格。（記得那些卡通的面孔。）

例：

謝謝你，瑪麗，感謝你讓我看見自己有時候也會欺負別人。

謝謝你，＿＿＿＿＿＿，感謝你讓我看見自己＿＿＿＿＿＿＿＿＿＿。

謝謝你，＿＿＿＿＿＿，感謝你讓我看見自己＿＿＿＿＿＿＿＿＿＿。

謝謝你，＿＿＿＿＿＿＿＿，感謝你讓我看見自己＿＿＿＿＿＿＿＿
＿＿＿＿＿＿＿＿＿＿＿＿＿＿＿＿＿＿＿＿＿＿＿＿。

謝謝你，＿＿＿＿＿＿＿＿，感謝你讓我看見自己＿＿＿＿＿＿＿＿
＿＿＿＿＿＿＿＿＿＿＿＿＿＿＿＿＿＿＿＿＿＿＿＿。

謝謝你，＿＿＿＿＿＿＿＿，感謝你讓我看見自己＿＿＿＿＿＿＿＿
＿＿＿＿＿＿＿＿＿＿＿＿＿＿＿＿＿＿＿＿＿＿＿＿。

謝謝你，＿＿＿＿＿＿＿＿，感謝你讓我看見自己＿＿＿＿＿＿＿＿
＿＿＿＿＿＿＿＿＿＿＿＿＿＿＿＿＿＿＿＿＿＿＿＿。

當你下功夫重新調整自己對某人的想法和感受時，你會發現更多自由自然地流入你的生命，因爲你正在學習如何超越那些具有挑戰性的關係，並爲自己打造全新的現實

肯定語：我感謝生命中所有幫助我成長的人。

陰影功課 13

寫信

寫一封信給整個陰影，感謝它幫助你成為更完整的自己。在這個練習中，為你的

陰影取個名字，讓它變得親密又熟悉。要確保你的感謝是出於真心的，這表示你必須再次留意自己的身體感受。持續寫下去，直到你因為意識的轉變而感受到某種變化。

祝福一個人、
一種情境或
一段經歷，
就是在取回
你所擁有的靈性力量，
並重新創造
更充滿愛的體驗！

祝福就是重構陰影

對於較爲簡單的陰影面向，選擇祝福它們的所有組成要素可能不會太難。讀完本書的這一部分後，請花一點時間練習，並確保先從簡單的（而不是創傷問題）開始。如果「陰影」對你來說是全新的概念，那麼你絕對必須從容易的部分入手。請慢慢地進行練習。這個方法的效果強大，但確實需要一些練習。

祝福任何情境其技巧都是一樣的：祝福者必須將自己視爲管道，而所有鼓舞人心及充滿愛的能量可以透過你這個管道流動。要祝福，首先你自己必須是這股美好的能量的接收者，這樣你才能將它聚焦在你想要的結果上。因此，祝福就是提前先去領受。

祝福他人具有改變振動頻率的力量，能將悲傷絕望轉爲希望和可能性。

當你祝福自己吃的食物，你就是在將食物靈性化，使它成爲健康的東西；當孩子學開車時你爲他們祝福，他們就會被圍繞在愛與保護中；當你祝福生病的人，你就是相信他們的自然療癒力會幫助他們度過難關。這些祝福的行爲都是很常見又容易理解的。困難的是，當我建議你祝福生命中的加害者時，眞正的考驗便開始了。

祝福某個事物，就是重新調整你命名它、擁有它及體驗它的方式。如同美是在觀看者的眼中一樣，生活中的一切也是如此。你看待事物的方式——亦即你抱持的觀點、評判和經驗——會影響你所看到的世界。如果你相信，所有的人其實都是善良又值得被愛的，那麼你與人的互動也會反映出這種信念。你首先會看到對方的本質，並希望與他們的這一部分對話。

然而，當我鼓勵你為你的加害者——亦即那些造成你的陰影的人——送上祝福，那會如何呢？或者，當我問你是否願意祝福自己和自己的過錯時，你會有什麼感受？你是否能疼惜自己，並感覺自己是值得獲得祝福與寬恕嗎？如同《愛的陰影功課》其中一條基本原則說的：「沒有外面的世界，也沒有其他人。」此外，另一條基本原則也說：「在整個過程中，都要善待自己。」

當你鼓起勇氣去祝福那些曾帶給你挑戰的人時，你便將他們從「對立者」轉變為「支持者」（別忘了：這與他們無關，而是你的內心如何看待他們）。當我想到自己的父親並祝福他在我生命中的角色時，我便能軟化我們之間的隔閡，使他能安然地穿梭在我的腦海和心靈中。每當我透過祝福來轉化某種情感時，我便在關係中創造了鍊金術般的轉變，而你也能做到這一點。祝福時，我們並非出自理性的思考，而是源自整個愛與眞相的結合。

每當你選擇祝福生活中那些挑戰你的事物時，你就是在重構這個情境。如果你能保持開放和接納的態度，你就會發現自己內在的智慧，並將這些挑戰視為通往完整性和自由的墊腳石，而不是阻擋你的障礙。祝福即是重構，重構就是有意識地選擇你如何看待人生。當你處於這樣的心境，並提出那些能夠打破死板的想法的問題時，即使是那些曾經看似傷害你的人，如今也會轉變爲禮物（儘管它們是隱藏的禮物），而讓你了解自己那全新又驚人的一面。

同樣的，靜心、鏡子練習（mirror work）和內在小孩的覺察之類的練習，可以讓內心那些未被認識或承認的部分浮現，從而使你能夠處理它們。培養內心的平靜始終對你有益。因爲唯有保持情緒上的風平浪靜，你才能更深入地探索自己，而這對於我們發現自己的更高眞相是必要的。

以下是這個練習的範例：

前：我恨父親對我那麼嚴格。

後：我恨祝福父親，因爲我現在知道自己能有多堅強。

前：我氣姊姊搶了我的男朋友。

後：我氣祝福姊姊，因爲她讓我知道，我其實並沒有那麼絕望；現在我知道，只要是眞愛就永遠也跑不掉。

前：我受不了母親，她的操控總是令我火冒三丈。

後：我受不了祝福母親，因爲我已經知道自己有多強大和堅韌。

前：我的家人從來沒有看見我、給我力量或鼓勵過我，我根本不在乎是否能再見到他們。

後：我祝福我的家人，因爲現在我已經學會了堅強、獨立，以及不把任何事情個人化。我自由了。

前：我恨我的老闆，因爲他是個大騙子。

後：我恨祝福我的老闆，因爲我現在知道他無法做出任何改變。我放飛自己來吸引一個能欣賞我的新職位。

前：我再也不會跟任何人這麼親近了。

後：我祝福身邊的所有人，因爲他們讓我知道自己有多麼堅強。

前：我恨母親是個酗酒者。

後：我恨祝福母親，因爲我知道她已經在痛苦中盡力而爲了。

把能量從怪罪和譴責轉化爲祝福，禮物自然會出現在你面前。

現在輪到你了

將盤點清單一中的前五個名字，按照下面建議的格式進行這個練習。儘管這個練習是從思維層面開始的，但請帶著覺察去做並放慢速度，同時留意這對你的身體產生什麼樣的影響——別忘了，身體是從不說謊的。

將清單一中的前五個名字填入括弧內。

一、我祝福（人名），同時取回我自己的力量。透過祝福他／她／他們，我減輕了他們在我生活中的影響力。

二、我祝福（人名），同時取回我自己的力量。透過祝福他／她／他們，我減輕了他們在我生活中的影響力。

三、我祝福（人名），同時取回我自己的力量。透過祝福他／她／他們，我減輕了他們在我生活中的影響力。

四、我祝福（人名），同時取回我自己的力量。透過祝福他／她／他們，我減輕了他們在我生活中的影響力。

五、我祝福（人名），同時取回我自己的力量。透過祝福他／她／他們，我減輕了他們在我生活中的影響力。

慢慢閱讀這些聲明來感受它們，並從這個正念練習中受益。你不可能一邊專注於祝福，同時還能感受情境的痛苦。讓自己祝福這個人會改變你的看法，而你也會以不同的方式受益。誠摯的祝福是你送給自己和被祝福者的美好禮物。

感恩你的陰影

「祝福」這個詞（就像「上帝」這個詞一樣）可能會對許多人產生觸動，因爲祝福的本質其實就是感恩。我想向你展示如何運用這些練習來放下你對陰影的執念，並打開通往完整性的道路。

選擇對你生命中的那些人心存感激，並感謝他們讓你因爲他們而更加認識自己。如此一來，你將從最不可能的情況中培養出感恩、療癒和樂觀的習慣。

到了本書的這個階段，你已經對自己的世界的形成方式及其運作有了不同的看法；你的心已經被打開了。你會開始看見，生命中那些帶給你挑戰的人其實是來幫助你的。你已經開始以不同的方式來處理情緒，並希望能更輕鬆地應對它們。對於當初那些被視爲問題或罪魁禍首的人，你的情緒也已不再那麼強烈。你會了解到，他們其實就活在你的內在深處。

肯定語：我感謝這個陰影，以及它讓我了解到關於我自己的一切。

轉變焦點

首先的第一步，就是將自己的焦點從陰影的陰暗面轉向生活的積極面。要養成一種習慣，每天都要去發現並寫下你感恩的事物。它可以是像感謝幫你忙的朋友、美麗的日落或完成了某件事這麼簡單。細數自己的幸事能改變你的觀點，幫助你在做陰影功課的過程中仍能看到生活的光明面。如同美是在觀看者的眼中一樣，你的現實也是在你這位觀察者的心中。

肯定語：整個陰影是我的一個美麗的面向，我選擇去愛它。

反思自己的成長

透過反思你的陰影如何促進你的個人成長來表達感恩。你人格中那些隱藏的面向是源自於過去的經歷、創傷或未解決的情緒。要承認是這些具有挑戰性的經歷塑造了今天的你，儘管這個過程非常辛苦。感謝你從面對陰影中所獲得的韌性、力量和智慧。這種觀點有助於你將陰影視爲寶貴的老師而不是負擔。

獎勵日誌：我看到自己的成長，它在我的生活中表現為……

肯定語：我擁有繼續前行的力量和韌性。

培養自我疼惜

那些導向內在的感恩，能幫助你在做陰影功課的過程中培養自我疼惜。不要批評自己，而是要對自己抱持感恩的態度。要認識，儘管你的陰影面向很難搞，但它們是你的人生體驗的一部分。透過感謝自己的努力，以及探索和療癒這些隱藏的面向的願心，你就會越來越愛自己及接納自己，而這對於將陰影整合爲你的自我概念至關重要。

寫下你現在願意同情自己的哪些面向：

肯定語：我深深值得疼惜自己！

寬恕你的陰影

本節將教你如何爲陰影的產生負起責任，並透過寬恕來完成轉化的過程。

在我第一本關於寬恕的書《寬恕：一種道路、承諾和生活方式》中，你將找到更多關於寬恕的深入探討，以及它如

你之所以是現在的你，
不是「儘管」
經歷過那些事，
而是「因為」那些事。

何在尋找解脫的個人旅程中提供支持，來協助陰影功課的進行。

如果你真的想獲得解脫，寬恕將是至關重要的靈性修練。寬恕是陰影功課最重要的工具，因爲它將幫助你切斷生活中的人事物與陰影的產生之間的連結。在此，你的任務是寬恕自己把力量交了出去，或寬恕自己的評判、責怪和吹毛求疵促成了陰影的產生。

我們回到葛莉絲和史蒂夫的故事。爲了讓葛莉絲從這個內在的情感印記中療癒並獲得自由，以下幾點是必須的：

一、她必須爲自己的陰影負起責任。首先她必須了解，這是她自己身上因爲評判父親（當然，這是可以理解的）而排斥及投射出去的部分。這也導致了她因爲隱瞞母親這個祕密而感到內疚。

二、她必須寬恕父親當初的外遇，同時也需要寬恕自己隱瞞這個祕密。唯有透過深刻的寬恕過程才能切斷痛苦的鎖鏈。寬恕這一切之後，她的內心便爲轉變騰出了空間。

陰影出現的地方，就是我們需要操練寬恕的地方；它們是相輔相成的。如果沒有寬恕，你可能會繼續自責。要記住，我們指責時只會徒然受苦；但承擔起責任，我們就會有改變的力量。這個功課走得越深，你就必須越溫柔。而溫柔的表現之一，就是你願意寬恕自己，特別是當你深信自己不值得被寬恕時。

我可以告訴你，我人生中一些令我感到羞愧的遺憾，並不是那些我認爲應該被寬恕的事情。有很長的一段時間，我曾深信自己不值得擺脫內疚和羞愧。當時寬恕對我來說，就像是不配擁有的奢侈品。（在此要注意，儘管你可能會有某些感受，但這並不代表它們就是你的現實。）

你能體會這種感受嗎？你生命中是否做過某些事，而你現在了解它們是造成你的陰影的根源，但你卻覺得自己不配被寬恕？這樣的感覺可能會讓你感到相當無力，甚至使你停滯不前。繼續向前走吧！因爲即使你現在這麼認爲，也並不代表這就是事實。它不過是你對自己的一種看法，而這個看法將會隨著你深入這個功課而改變。

保持專注在這個事實：

你本來就應該是解脫自在的。

在此，我們有必要提一下關於寬恕的事。

- 寬恕從來都與對方無關。
- 寬恕是爲了你自己，爲了你的解脫。
- 寬恕從來不是爲了縱容行爲或找藉口。
- 寬恕是爲了你的平靜——頭腦的平靜與心靈的平靜。

寬恕就像祝福他人一樣，是在我們的情緒體的深層起作用，而你可能無法理解它是如何運作的。我所知道的是：當我們開始寬恕，我們的心會更加敞開，大腦也會開始放鬆，而我們苦苦掙扎的關係也會開始轉變。

我們寬恕的對象及寬恕的理由是什麼？

一、我們寬恕那些在我們的人生中留下印記的人。他們的行爲或許並非出於惡意，但畢竟還是對我們造成了影響。我們寬恕是爲了自己的解脫，而不是爲了放過他人或忘記他們的行爲。我們只是放下對他們的指責，這樣才能騰出精力去尋找屬於我們的正確道路。畢竟所有人終究都必須承擔自己的業債（karmic debt）。

二、我們寬恕自己的錯誤、失誤和過失；寬恕自己把力量交出去，以及在某個情境中承受了遠超過合理時間的痛苦。如此一來，我們就比較不會堅持自己是對的，並減少自以爲高人一等的執著。

愛、寬恕與接納的振動頻率，幾乎具有魔法般的影響力。如今，我們可以欣喜地看到，科學已經證實寬恕對於身體的影響。當你練習並學會欣賞這種振動頻率時，它本身就是一種回報，因爲你將開始活出更輕鬆快樂的人生。

「要寬恕自己不知道當時還沒學明白的事。」

——馬雅．安傑洛（Maya Angelou）

這裡有一個練習和一些話語，可以幫助你平靜與陰影相關的情緒波動。請挪出半小時不受打擾的時間來做這項功課。

我們再回到陰影的盤點清單一。

一、拿起清單，先挑一個名字／陰影。

二、靜坐五至十分鐘，同時設定意圖：專注於當下，去感受並聆聽。

三、在對這個陰影／人進行沉思時，說出你此刻最強烈的感受。我們絕不想成爲一無所知的人，而爲感受命名能幫助你與自己和整個過程保持連結。

四、問自己這個問題：當我把這個陰影帶回家，我將成爲什麼樣的人？你必須回答這個問題，因爲它將成爲你有意識的新生活方式的一部分。

五、套用以下的腳本，開始針對盤點清單上的每個名字進行寬恕操練。

我有意識地選擇寬恕＿＿＿＿＿＿＿＿，這樣做是爲了我自己和內心的平靜。我寬恕他們，並相信他們會清理自己的心理／情感的債務；但我之所以解脫自在，是因爲我選擇如此。我選擇放下。我選擇寬恕這個人，好讓我能獲得解脫。

我不再受這個記憶、這些情緒、這個人的擺布。我能說出並感受自己的情緒，但我已不再受它們的支配。我的生活現在反映出我所做的寬恕和放下的選擇。我寬恕所有的影響，並召喚我的陰影回家。我現在更昂首闊步、充滿自信，並且知道我已經解脫了。

完全療癒後，我現在對充分發揮潛能並自在展現的自己感到喜悅。

同樣的，隨著時間的推移，這個過程會迅速地發生，只要你不再責怪外面的任何人。

轉念練習 12

寬恕的建議步驟

步驟一：查看清單後，我選擇一個說謊者和騙子的陰影，我們姑且稱他爲約翰。

步驟二與三：在安靜的沉思／靜心中，我與自己對這個人和這個陰影的所有感受連結。我選擇放下對約翰這個說謊者和騙子的所有評判，同時看出自己也有類似的傾向，並爲自己的這種行爲負起責任。

步驟四：當我寬恕約翰在我生命中的影響力時，我發現，在完全整合之後，我成爲光明磊落的女性，並在我所做的一切中樹立這種行爲的榜樣。我感到如釋重負。

步驟五：重複這個轉念。

我有意識地選擇寬恕約翰，這樣做是爲了我自己和內心的平靜。我寬恕他，並相信他會清理自己的心理／情感的債務；但我之所以解脫自在，是因爲我選擇如此。我選擇放下。我選擇寬恕這個人，好讓我能獲得解脫。

我不再受這個記憶、這些情緒、這個人的擺布。我能辨別並感受自己的情緒，但我已不再受它們的支配。我的生活現在反映出我所做的寬恕和放下的選擇。我寬恕所有的影響，並召喚我的陰影回家。我現在更昂首闊步、充滿自信，並且知道我已經解脫了。

完全療癒後，我現在對充分發揮潛能並自在展現的自己感到喜悅，並慶祝自己這個轉變的時刻。

繼續騰出時間，溫和地慢慢處理這些問題。對於那些影響較大的陰影，你可能必須安排多一點的時間來深入感受這個過程，並規畫即時的簡單獎勵。別忘了，獎勵是爲了重建大腦迴路。

療癒的神奇工具：自我寬恕

你的整個成年生活都試圖在功能失調的情況下運作。你已經把一定程度的痛苦和不適視爲常態。你從未停下來質疑，當前的痛苦狀態是否眞的是你必須經歷的——直到現在。事實上，陰影功課和寬恕功課只是兩種選擇，而非自我實現的唯一方式；但這兩種選擇都能深入人心，並帶來意識上的重大轉變。隨著你的意識轉變，並專注於你期望的結果，你的人生也將隨之改變。

寬恕與陰影功課相輔相成，因爲它能去除影響你的潛意識和痛苦之身❶的思想種子。寬恕自己有助於你放下內心所累積的評判，並使你能自由地按照自己的意願重塑自己，而非被動地受制於過去。你可以利用鏡子來做這件事，直視自己的雙眼效果會更好。如果以下的句子不符合你所想表達的，請隨意自行調整。這些語句是我多年來輔導個案的經驗累積，但它必須是你自己的話語，以及能觸動你的語句。你必須對它有所感受，否則它將無法產生影響力。

❶痛苦之身（pain-body）係指人們經歷的每個情感痛苦會與舊有的痛苦合併，而形成盤踞在身心裡的負能量場。這個能量場就像身體一樣需要存活，但它只能以痛苦為食。人們一旦受它掌控就會想要更多的痛苦，並且不是成為受害者就是加害者。

看著鏡中的自己說：

- 我寬恕自己這些年來沒有注意到自己的痛苦。
- 我寬恕自己因爲評判而造成自己的陰影。
- 我寬恕自己沒有爲自己的創造負起責任而將它歸咎於他人。
- 我寬恕自己不知道當時還不明白的事。
- 我寬恕自己將責任推給那些讓我失去力量的人。
- 我寬恕自己在創造自己的人生中所扮演的角色，並選擇完全接納自己，無論我現在是什麼樣子或不是什麼樣子。

創造屬於你自己的「自我寬恕肯定語」，並寫下具體的內容：

陰影探問的步驟

第一部分：準備階段

一、焦點名稱：（引發這種感受者的名字）

二、描述這個人的性格特徵以及你對他們的所有評判。（此時不是取悅他人的時候，你必須釋放所有積壓的情緒。）

三、現在，列出你在思考這個人時所感受到的情緒。（感受你的身體。你要列出的是情緒，而不是想法。）

第二部分：運用三個問題

在留意自己的身體感受時，問以下三個問題。因爲如同我們已經知道的，身體從不說謊。

三個問題：

- 我是那樣的嗎？
- 我曾經是那樣的嗎？
- 我對那樣的行爲會產生評判或反感嗎？

四、花幾分鐘坐下來跟隨那些被喚起的情緒。這個步驟的目的是要追溯這種特定的感受，直到你能找到最早出現這種感覺的記憶。試著回想當時在那個記憶中你大概是幾歲。（每種情緒都有其獨特的質感，而這就是你必須辨別及跟隨的東西。）

完成這部分的練習後，你可能需要做一下深呼吸來讓自己恢復平靜。要留意你在關注什麼，以及你的身體在告訴你什麼。

五、在確認了陰影、感受和記憶之後，接下來要透過思考以下問題的答案，來開始轉變你對這個人的心態：

- 當我將這部分的自己帶回家時，對我來說會出現什麼可能性？
- 當我療癒了這個情緒，我能展現出什麼樣的自己？
- 這個陰影爲我帶來了哪些禮物？
- 我必須在哪一方面寬恕，才能擺脫這種不適？
- 當我放下了指責並寬恕這個人或這種情緒，我現在能展現並讚賞自己的哪些面向？

___

___

___

___

六、陰影是我們排斥自己的某一個面向而投射到他人身上所產生的。現在想像一下，如果你那部分的自己回歸時，最終可以呈現什麼樣的可能性。重點就在於讓你排斥自己的那個部分「回家」，請運用你的想像力。

獎勵日誌：當我願意讓自己的每一個部分回家時，有一些很棒的事情就變得可能。它們是……

把自己的部分帶回家的範例：

我接受這部分的自己回家，同時認識到我本來就該是完整的。當我整合時，我就有了更大的力量。

以下的故事是應用這個方法的例子。

芭芭拉．瓊斯

芭芭拉傲慢又自負，總是一副不可一世的模樣。我承認自己會對她這種行爲產生評判和反感。當她在我身邊時，我往往會感到不安，所有「我不夠好」的情緒都會被激發出來。我羨慕她所取得的成就。（當我問自己那三個問題後，我發現自己有時會對她的行爲產生強烈的反感，但同時又希望自己能像她那樣成功。）

追溯這些感受時，我回到自己的童年，當時我對自己的母親、父親，甚至整個家庭都感到難爲情。我們家境拮据，也沒受過高等教育，家人對我而言並沒有帶來任何的啓發。我不記得我們曾談論過任何能讓我對人生感到自信的話題。我們家充斥著嫉妒與羨慕；我記得大約五歲時，我就覺得表現大膽或獨立是很危險的。

現在我明白，這個陰影跟我小時候覺得自己不如別人有關；尤其是和芭芭拉相比，我總是覺得自己低人一等。如今我已經覺察到這個陰影，並呼喚這部分的我回家。現在我看到芭芭拉都會想到，成功、自信地走遍天下是完全沒問題的。

此時，我選擇感謝芭芭拉爲我照亮了這部分，提醒我自己也値得擁有自信來面對這個世界。我祝福她，因爲她讓我重新找回自己，並想起自己的價値。我有意識地寬恕我的母親、父親和家人，原諒他們沒有能力支持我，同時也寬恕我讓自己受苦，以及沒有更早看見自己的價値。

宣言：我感謝芭芭拉，並接受把我的注意力重新引導回來，將那些被我否認的部分帶回家。我慶祝自己感到自信，並且值得擁有成功。

練習頁

直接處理情緒：選項一

空白處理頁

將盤點清單上的第一個名字，按照這些步驟來進行處理。每個步驟的說明在先前的幾頁。再次提醒：要對自己溫柔，疼惜自己，愛自己。我提供了六頁空白頁來讓你練習。

一、焦點名稱：

二、描述我的評判／反應：

三、我現在的感覺和身體的感受是：

現在，誠實地問自己三個問題（我是那樣的嗎？我曾經是那樣的嗎？我會對它產生評判或反感嗎？）我的答案是：

四、根據你誠實的回答，思考這個問題：回想這種感受時，它引領我回到這個／這些早期的記憶：

五、當我把這部分的自己帶回家時，我會成爲什麼樣的人？我會在這世界呈現什麼樣貌？

六、如果想像成眞，我可以接納的新可能性是：

一、焦點名稱：

二、描述我的評判／反應：

三、我現在的感覺和身體的感受是：

現在，誠實地問自己三個問題（我是那樣的嗎？我曾經是那樣的嗎？我會對它產生評判或反感嗎？）我的答案是：

四、根據你誠實的回答，思考這個問題：回想這種感受時，它引領我回到這個／這些早期的記憶：

五、當我把這部分的自己帶回家時，我會成爲什麼樣的人？我會在這世界呈現什麼樣貌？

六、如果想像成眞，我可以接納的新可能性是：

一、焦點名稱：

二、描述我的評判／反應：

三、我現在的感覺和身體的感受是：

現在，誠實地問自己三個問題（我是那樣的嗎？我曾經是那樣的嗎？我會對它產生評判或反感嗎？）我的答案是：

四、根據你誠實的回答，思考這個問題：回想這種感受時，它引領我回到這個／這些早期的記憶：

五、當我把這部分的自己帶回家時，我會成爲什麼樣的人？我會在這世界呈現什麼樣貌？

六、如果想像成眞，我可以接納的新可能性是：

一、焦點名稱：

二、描述我的評判／反應：

三、我現在的感覺和身體的感受是：

現在，誠實地問自己三個問題（我是那樣的嗎？我曾經是那樣的嗎？我會對它產生評判或反感嗎？）我的答案是：

四、根據你誠實的回答，思考這個問題：回想這種感受時，它引領我回到這個/這些早期的記憶：

五、當我把這部分的自己帶回家時，我會成爲什麼樣的人？我會在這世界呈現什麼樣貌？

六、如果想像成眞，我可以接納的新可能性是：

一、焦點名稱：

二、描述我的評判／反應：

三、我現在的感覺和身體的感受是：

現在，誠實地問自己三個問題（我是那樣的嗎？我曾經是那樣的嗎？我會對它產生評判或反感嗎？）我的答案是：

四、根據你誠實的回答，思考這個問題：回想這種感受時，它引領我回到這個／這些早期的記憶：

五、當我把這部分的自己帶回家時，我會成爲什麼樣的人？我會在這世界呈現什麼樣貌？

六、如果想像成眞，我可以接納的新可能性是：

一、焦點名稱：

二、描述我的評判／反應：

三、我現在的感覺和身體的感受是：

現在，誠實地問自己三個問題（我是那樣的嗎？我曾經是那樣的嗎？我會對它產生評判或反感嗎？）我的答案是：

四、根據你誠實的回答，思考這個問題：回想這種感受時，它引領我回到這個／這些早期的記憶：

五、當我把這部分的自己帶回家時，我會成爲什麼樣的人？我會在這世界呈現什麼樣貌？

六、如果想像成眞，我可以接納的新可能性是：

練習頁

直接處理情緒：選項二

現在，我們來直視自己的情緒並應用這個方法。

一、這感受的名稱及其引發的挑戰是：

第二部分：誠實地問三個問題（我是那樣的嗎？我曾經是那樣的嗎？我會對它產生評判或反感嗎？）後，我的答案是：

二、設定你的意圖、使用轉念的肯定語和（或）一個儀式，並將你的美好視爲完整的自己，然後自問：「當我接納這部分的自己時，我會成爲什麼樣的人？」

三、說出你的感恩和你的美好：

一、這感受的名稱及其引發的挑戰是：

第二部分：誠實地問三個問題（我是那樣的嗎？我曾經是那樣的嗎？我會對它產生評判或反感嗎？）後，我的答案是：

二、設定你的意圖、使用轉念的肯定語和（或）一個儀式，並將你的美好視爲完整的自己，然後自問：「當我接納這部分的自己時，我會成爲什麼樣的人？」

三、說出你的感恩和你的美好：

一、這感受的名稱及其引發的挑戰是：

第二部分：誠實地問三個問題（我是那樣的嗎？我曾經是那樣的嗎？我會對它產生評判或反感嗎？）後，我的答案是：

二、設定你的意圖、使用轉念的肯定語和（或）一個儀式，並將你的美好視爲完整的自己，然後自問：「當我接納這部分的自己時，我會成爲什麼樣的人？」

三、說出你的感恩和你的美好：

一、這感受的名稱及其引發的挑戰是：

第二部分：誠實地問三個問題（我是那樣的嗎？我曾經是那樣的嗎？我會對它產生評判或反感嗎？）後，我的答案是：

二、設定你的意圖、使用轉念的肯定語和（或）一個儀式，並將你的美好視為完整的自己，然後自問：「當我接納這部分的自己時，我會成為什麼樣的人？」

三、說出你的感恩和你的美好：

一、這感受的名稱及其引發的挑戰是：

第二部分：誠實地問三個問題（我是那樣的嗎？我曾經是那樣的嗎？我會對它產生評判或反感嗎？）後，我的答案是：

二、設定你的意圖、使用轉念的肯定語和（或）一個儀式，並將你的美好視為完整的自己，然後自問：「當我接納這部分的自己時，我會成為什麼樣的人？」

三、說出你的感恩和你的美好：

一、這感受的名稱及其引發的挑戰是：

第二部分：誠實地問三個問題（我是那樣的嗎？我曾經是那樣的嗎？我會對它產生評判或反感嗎？）後，我的答案是：

二、設定你的意圖、使用轉念的肯定語和（或）一個儀式，並將你的美好視為完整的自己，然後自問：「當我接納這部分的自己時，我會成為什麼樣的人？」

三、說出你的感恩和你的美好：

［故事時間］

蜜西的故事

蜜西這輩子一直覺得自己被排斥、忽視、絕對不受人歡迎，因此在上我的課程時，我們決定進行更深入的功課。我請她告訴我，當她覺得自己不受歡迎時，心中會想到什麼畫面。蜜西描述的畫面是，她站在一座大牆外，牆上有一扇大門，但門是關著的。她將這個畫面解讀為自己不受歡迎。她會這樣解讀，是因為這符合她的自我形象和信念體系。

透過寬恕和陰影功課，蜜西意識到她其實是自己在排斥自己，是她將自己置於那個處境。而我們揭露真相的那一刻——真的就是在那個當下——她立刻了解到，這一切都是咎由自取；她以前所相信的根本不是真的；這一切與外界的任何人（特別是她的家人）一點關係也沒有。她立刻明白，她不僅是受歡迎的，並且這一切都是她自己創造出來的。她馬上覺得自己從這種感受中獲得解脫。那種沒有歸屬感的感覺立即瞬間轉變，而她的整個人生體驗也隨之產生變化。

【第四部】

維持篇

本書的這一篇是爲了支持你繼續前行，因爲這才只是開始。

保持新鮮感是維持實踐的動力。

在此，我們要回到本書一開始所介紹的那些建議的練習，以及它們如何幫助你進行陰影功課。有時候我會想：「早年要是有這些練習，我是否還需要經歷那麼多痛苦，才能走到今天的解脫自在？」我永遠無法眞正知道答案，但我確實喜歡透過思考這些問題來轉換觀點。

你可以按照本篇介紹的方法來保持練習的新鮮感，也可以按照自己選擇的方式設計。記得要運用獎勵機制，這樣你才能繼續重建大腦的迴路，並提升對生活的期待。試著與他人討論這些話題——我們越是集體透過對話來讓這個議題成爲日常，就越能在自己的世界裡傳播關於個人的力量與自由的話題。

陰影功課並不是一次性的事。本篇將特別強調保持新鮮感所需要的那些持續性的練習。有些電影你會反覆觀看，有些書籍你會隨著時間一讀再讀，而陰影功課也需要這樣的反覆實踐。那些能帶給你快樂的事物會召喚你回到它們身邊。雖然當你想到陰影功課及隨之而來的寬恕功課時，可能不會覺得它們是愉快的；但它們帶來的回報是如此巨大，以至於你會不由自主地渴望更多的效果。

只要保持經常練習，這個功課將持續擴展你的自我覺察，並帶你邁向你的整個存在的完整性與整合。

理論上，只要你深入到陰影功課最深的部分，並下定決心完成本書所教導的所有練習，你就會發現自己比以往更加自由和強大；但並不能保證你從此完全不必再做這個功課。因此，保持靈性修練和正念儀式的新鮮感、以及維持覺察，就成爲你的重要任務。這就是我們保持新鮮感和精神抖擻的方式。

經過數十年的寬恕與陰影功課所下的工夫，我已經達到能從百步之遙便看出潛在的陰影的境地。現在，我處理這種覺察的時間如此之快，以至於看起來好像我什麼也沒注意到。

[故事時間]

黛比：摩托車女孩

我有一位學生，我們姑且稱她為黛比，她有一個性格毛躁的鄰居，這位鄰居有時根本不在意自己的行為和生活習慣對他人造成的影響。有一次，黛比與這位鄰居互動時，對方顯得有點龜毛和不耐煩，他甚至將一輛拖車停放在他家與黛比家的地界上。這不僅妨礙了她的活動空間，還顯得十分礙眼。黛比非常生氣，而這種情緒引發了她內心的一個陰影，她親切地稱它為「摩托車女孩」。

黛比對自己的這一面一直非常小心，因為這是她強悍又桀驁不馴的面向。她覺得這並不是什麼值得驕傲的事，因此很努力地將這個摩托車女孩隱藏起來，甚至否認它的存在。在參加我的陰影課程期間，她預約了一對一的諮商，想要更深入地檢視這個陰影。

我們討論的焦點來到為何當初她會出現摩托車女孩的一面。原來在她人生的某個時刻，她需要變得堅強來保護自己。於是她不再指責摩托車女孩黛比，而是感謝她、接納她。當然，這種改變並非總是那麼迅速。然而就在我們諮商結束後的幾天，黛比去找了那位龜毛的鄰居，並請他把拖車開走。結果令人訝異的是，他似乎整個態度都完全變了。在下一堂課上，我問她情況如何，她形容那個男人和藹可親又好相處。這就是靈性鍊金術的最佳呈現。

黛比看出自己的陰影，並歡迎它回到她的完整性；這改變了她的觀點，也改變了她與鄰居的互動方式。這就是當我們向內探索而非向外尋找時可能發生的事。

認識黃金陰影

能量會流向我們的注意力之所在，而注意力之所在即是我們成長之所在。這並不是新的概念，但現在它非常實用。在這趟旅程的第一站，我們首先冒著面對痛苦回憶的風險來深入內心，並將生活中那些對我們陰影的形成產生影響的人進行盤點。我們已經處理過這些清單，並學會了接受自己的陰影而不是逃避它們，從而迎接那些被否認的部分回家。

現在，你開始一再地收獲這些益處；你的內心有了新的平靜，與這個世界互動時也更感到自信。因爲你知道，你是什麼樣的人並非外在的事物造成的。如今你過著隨心所欲的生活，而這種自主的人生是很美好的。

還有更多好消息。現在你可以去認識一下自己的黃金陰影。既然你已經學會了停下來、深呼吸，並將自己的反應視爲成長的學習工具，那麼你還有另一個未開發的個人力量來源——那些隱藏在你的黃金陰影中的祕密。

黃金陰影是如何形成的？

黃金陰影的形成，是因為人們往往會否認自己的美好、優點和許多正面的特質。我們很容易責怪自己，卻很難接受自己的亮點。它源自於人類共同的三大局限性信念：我不配；我不值得被愛；我不夠好。這三種信念就像白蟻一樣侵蝕著你的存在基礎，宛如一部緩慢又一絲不苟的摧毀機器。直到我們長大成人，我們的自信幾乎已被摧毀殆盡。儘管並非人人都是如此；但如果你正在讀這本書並且感同身受，那麼這正是為你而寫的。

因此，同樣的，每當我們讚美別人的某種表現時，其實就是在創造自己的黃金陰影；我們把自己希望在生活中能有更多展現的特質投射到他人身上。我並不是指羨慕別人的財物或嫉妒他人的生活，而是指當你看到某人時發現自己也希望能像他們一樣應對世事。

黃金陰影的表現方式是什麼？

在與這個世界互動時，你會不斷地在你希望成為的那些人身上看見黃金陰影。這些人是你的英雄（女英雄），你希望自己像他們一樣，或擁有他們的才華或名聲。有時候，這種感覺會表現為羨慕。

黃金陰影會隱藏在你與之相比的人身上。如果你在跟他人比較，那是因爲你認爲他們擁有你想要的東西，或是你認爲自己沒有的東西。比較從來不是一件好事，但它是讓你看出自己可能在批判自己什麼，或感覺哪裡不如別人的好方法。

你視哪種人爲榜樣？你曾希望自己擁有別人的生活嗎？你是否感到被欺騙或忽略？這些都是探索自己的黃金陰影的好問題。

> **如何從黃金陰影中成長？**
>
> 從黃金陰影中成長的方式與幽暗的陰影相同。你將學會在他人身上看出自己的強大天賦和特質；然而，與其對這些特質的整合產生抗拒，我們應該欣賞它們的存在，並尋找它們也在我們身上的證據。接納黃金陰影，意謂著承認並整合那些我們潛抑或否認的正向特質和潛能。

黃金陰影練習

- **從安靜的沉思開始**：找一處安靜舒適、不受打擾的地方，做幾次深呼吸來收攝身心。
- **發現正向特質**：從發現你曾在別人身上看到的正向特質或天賦開始，也許你非常羨慕他們。這些特質可能包括創造力、智慧、領導能力、善良、成功，或其他任何你可能忽視或認爲自己不具備的正向特質。

• **寫日誌**：將你在別人身上發現的特質寫下來。探討這些特質如何表現在你的生活中，即使你尚未完全接納它們。記得回答這個問題：這種特質在我身上感覺如何？

• **想像對話**：閉上眼睛，觀想你與自己的內在小孩對話。想像你正在跟一個曾經因爲你的自我批判而被你排斥的自己交談。請這個年輕的內在小孩指導你，該如何將這些特質融入到你的生活中。

• **肯定語**：創造一些肯定語來反映你願意接納自己的黃金陰影。例如：「我接納自己的創造力，並讓它在生活中發光。」或「我承認自己的智慧，並將它運用在個人的成長上」。

・**運用你的想像力**：觀想一下自己在生活中充分展現這些特質的樣子，想像自己在日常互動和活動中自信地展現這些品質。

・**採取行動**：選一個你可以在未來幾天內實踐的小行動，來開始培養其中一種正向特質。它可以是報名參加一門課程、從事志工服務，或單純地向某人表達你的善意。

・**感恩**：以感恩來結束這個練習，感謝自己身上的這些正向特質。同時認識到，接納自己的黃金陰影能帶來個人的成長，並讓生活更加充實滿足。

持續做這個練習可以幫助你接納及整合自己的正向特質，讓它們得以發光發熱，並爲你自己及周遭人的生活帶來積極的影響。

【故事時間】

我的新女英雄

在我主持的一次寬恕靜修營中，一位美麗的年輕女子告訴我，她因為瓦解了自己的核心家庭而感到內疚。我問她發生了什麼事？她告訴我們，她當時決定揭露家中不可告人的性虐待真相，但一些家人無法接受這個事實，於是選擇疏遠她。

我聽著她自責，也看到她因為這個決定而受苦多年。我停下來聆聽自己的直覺，感受此刻應該說什麼。接著我脫口而出：「你是英雄。你阻止了這種行為，並讓加害者受到譴責。」這是我這輩子從未做到的事。我曾經害怕，但她卻勇敢無懼。她成為我的黃金陰影的一部分。從現在開始，我要相信自己，並在真相需要被聽見的時候勇敢地發聲。

有助於進一步整合的轉念

閱讀本書的轉念腳本是有益的，定期閱讀則更佳，而大聲朗讀則是最強而有力的方法。爲了讓你獲得最深刻的體驗，我希望你能這樣做：幾乎所有的智慧型手機都有內建錄音應用程式，請花點時間錄製這些轉念腳本，並在晚上就寢前大聲地播放。當你在晚上放慢步調、開始放鬆時，你的大腦會進入θ波的狀態，這是一種更具接受性的狀態。這就是爲什麼如果可能的話，不要在心煩意亂的情況下入睡是如此重要，因爲這些負面的情緒可能會跟隨你進入你的夢鄉。

用自己的聲音錄製本書提供的轉念腳本能讓你感到更安全，並產生更好的效果。在接下來的幾頁中，我提供了一些轉念的內容，它們將幫助你提升整體的幸福感及陰影意圖的持續整合。當然，你也可以自行增添任何的語句，但請確保它們是肯定又樂觀的。

備註：你會看到我說：「我接受此語。」這裡的「語」指的是整個轉念的內容。

轉念練習13

邁向美好的睡眠

我是力量強大的存在，並且充滿了愛、同情心、智慧，以及活出充滿美麗、喜悅與健康的美好人生所需的一切資源。我欣賞自己完成的功課，並享受整合所帶來的益處。

我選擇以讓自己感到充滿活力與生氣勃勃的方式來思考及表達。當我準備入睡時，我肯定自己的價值，並宣告：「我一切具足。」這份肯定讓我敞開心扉，迎接無限的機會。即使在睡夢中，我依然持續在成長。我夢見充滿回報與驚喜的人生，因爲我知道自己生來就值得擁有美好、成功與健康。

我接受此語，它讓我更相信：我配得上一切的美好。

轉念練習 14

我在睡夢中成長

當我躺下準備入睡，我知道自己是被祝福的。我之所以被祝福，是因爲我的生命是那創造一切萬有的宇宙智慧的神聖、美麗的展現。這個宇宙智慧流經我的身心與靈魂，讓我得以細數自己的美好。是的，我停下腳步細數自己所有的美麗、天賦與豐盛。我以超乎想像的方式展現完整的自我。

我懷著敞開的心面對生活，並願意爲自己的人生負起全部的責任，從而更有力量去活出非凡的人生。我的睡眠與夢境賜予我優雅、平靜與安寧。如今，我的夢境都在映現這個眞相。每個夜晚，我都放下一切，並讓自己的意識賜予我充滿啓發的夢境。

一切安好，我懷著無盡的感激將此語交付宇宙智慧。

轉念練習 15

擴展我的人生

我從正念開始，覺察自己的呼吸。隨著每一次呼吸，我就越接近甜美又溫柔的平靜，並將這份平靜帶入睡眠。是的，當我準備入睡時，我放下所有的掙扎、擔心和憂處，讓自己變得沒有負擔。我尋求完整，因爲我知道自己被愛圍繞著，而這份愛時時刻刻都在提升我及啓發我。

我確定，讓我得以擴展人生的一切都已在我的意識之中。隨著我的意識成長和覺察力的擴大，我也邁向更完整的狀態。我的內在蘊藏著成爲我渴望的自由個體所需的一切智慧、理解與力量。這一切之所以可能，是因爲我放下了對自己的批判，並如實地接納自己的眞實的樣貌，無論我是什麼或不是什麼。

每天，我都更駕輕就熟地看出那些被我否認的部分。當我看見並接納它們時，我也更有力量去愛它們並召喚它們回家。而每次這樣做都讓我更加完整。

我比自己想像的更強大，也比過去自己認爲的更有力量，我已準備好迎接陰影的全面整合。當我變得完整便會流露一種愛，而它將澈底改變我的人生，並以最美好的方式觸及我所關心的人的生活。是的，我再次變得完整，而這是極爲愉快的體驗。

現在，我召喚陰影的部分回家。我不必再將它們投射到他人身上，這使我更有力量去成爲堅定、自信又充滿喜悅的人，因爲我的努力讓我變得完整了。我召喚這一切的美好，並讓這心態的轉變立即呈現在我身上。

家族傳承是你的資產

療癒你的陰影，對於你的家族傳承具有深遠的意義。因為家族傳承不是僅有你留給後代子孫的物質或有形的資產，更包括了你對周遭人的影響、你體現的價值觀，以及你教導的人生功課。以下是療癒陰影對建立積極又長久的家族傳承至關重要的理由：

- 首先，陰影功課能幫助你打破世代相傳的模式和未療癒的傷痛的惡性循環。我們的許多陰影面向，往往受到家族歷史中那些未解決的問題與情感包袱的影響。透過處理及療癒這些面向，你能避免這些負面模式的延續，從而留下更和諧又健康的家族遺產。
- 此外，陰影功課能促進更深的自我覺察與情緒智商。當你深入探索自己的陰影，你會更容易了解自己的情緒觸發點與反應模式。這種自我覺察的提升能讓你做出符合自己真正的價值觀的選擇與決定，從而為他人樹立積極的榜樣。你在情緒與人際關係方面的有效應對方式，將成為你的遺產的重要部分，同時也教導未來的子孫同理心、韌性與自我提升的重要性。
- 最後，當陰影獲得療癒，你將活出更加真實又有明確目標的人生。這份真誠是有吸引力的，並且能啓發他人。當你接納自己的不完美，並表現出改善它們的勇氣，你便是在告訴世人，個人成長與自我探索是一輩子的事。你那已經獲得療癒的你的訊息將寫入你的家族傳承，並激勵後人踏上自我提升的道路，從而為這個世界做出積極的貢獻。總而言之，療癒陰影能透過打破惡性循環、培養情緒智商來改變你的家族傳承，並啓發他人活出更眞實的充實人生。

你的家族傳承（無論是透過你此生的經歷，還是經由祖先的記憶與DNA傳承而來）就是你現在的遺產——如果你未曾療癒其中的傷痛的話。當你投入時間與精力來療癒家族傳承所帶來的影響，那麼你便成爲改變的推動者；你將打破痛苦的枷鎖，使你的遺產不再是未經處理的痛苦與折磨，而是療癒、愛與完整性。換句話說，當你越趨於完整，你也就留下更健康的遺產給後人。

當你與摯愛的人——尤其是家人——處於關係的十字路口時，在恣意開口之前，請先停下來問自己這些問題：

這個決定和我的行爲會對我在乎的人造成什麼影響？______

______

如果我不對眼前的狀況提出質疑，這會對我的遺產造成什麼影響？______

______

我如何在家庭中成爲愛的支持者？______

我如何去愛與接納我的家人，而不是評判或指責他們？

我希望怎樣影響我的家人來作爲我的遺產？

我希望家人怎樣記住我？

這將有助於你回到做陰影功課的初衷。別忘了，你做這個功課是有理由的。當然，其中一部分原因可能與他人有關；但最終，你必須爲你自己和你的內在景觀而做，因爲成長的種子正是從這裡萌芽的。

重新想想你的理由和意圖，並且將它們列印出來，然後放在你經常看得見的地方，並時常回顧它們。

細數你的幸福——沒錯，我是認眞的。不要因爲這個建議聽起來像賀卡上的陳腔濫調就忽略了它。細數自己的幸福與學會感恩是提振自己、改變及調整自己的觀點最有效的兩個方法。正如我們所知，當我們改變自己的看法，並將注意力導向我們渴望的結果時，轉變就會發生。當我們清楚自己的方向並移去其中的障礙，我們的道路也會變得更爲明顯。

簡單練習：列出十個你心存感激的生活面向，同時別忘了感謝自己有勇氣投入這個功課。

想一想：我們的掙扎必然涉及某個對象。在此之前，我們之所以掙扎，是因爲我們一直以爲這世界有某個東西在跟我們作對。現在，我們來展開不同的想像。想像一個人人對自己的反應負責、不再責怪外界，並在陰影功課中實踐寬恕的世界。在這樣的世界中，我們會更少受到表象的干擾，而能更專注於成爲療癒的力量。

寫一個關於你是誰，以及你希望自己的遺產是什麼樣貌的大膽宣言。

範例：**我選擇成爲完整、充滿愛與寬恕的家庭影響者，因爲我擁有強大的力量。**

現在，換你來寫：

當更多人為自己的陰影負起責任，世上的暴力也將大幅減少。

成為改變的推動者

隨著踏上這條認識及療癒陰影的道路，我每次選擇去愛、擁抱和接納自己的陰影時都會變得更有力量。這使我能整合自己的陰影而邁向完整。從這不斷接近完整的狀態，我成爲家庭中的改變推動者。我承認家族的歷史與傷痛，也承認其中可能存在的苦難，並且相信每位家庭成員都已經盡力了——即使他們的「盡力」可能並不成熟。

當我接納自己的陰影，並選擇去愛家族中的一切影響而非評判它們時，我便成爲那最有可能的解決方案的一部分。我打破了家族的痛苦枷鎖，同時爲我的家族傳承和遺產帶來祝福。我之後的每一代人，都將走在充滿愛、接納與寬容的道路上。這就是我選擇自己在這世上呈現的樣貌。

懷著強大的力量，我將此語交付給那由宇宙智慧引領的內在智慧，而我也將體現自己所說的話。

誠心所願。

維持覺察的習慣

療癒陰影的過程是建立在自我覺察和自我接納的基礎上，它必須不斷地在自己的內在下功夫。以下是一些有助你處理及療癒陰影的每週和每天的習慣：

每週的習慣

一、**寫日誌**：每週抽出時間寫下你的想法、情緒和經歷。反思任何反覆出現的模式或尚未解決的問題。

二、**治療或諮商**：如果可能的話，定期參加治療或諮商，由合格的專業人士引導你進行陰影功課，尤其是當你感到脆弱時。

三、**正念靜心**：練習正念靜心來讓你不帶評判地更加覺察自己的想法和情緒，這有助於你辨別及處理陰影的面向。

四、**閱讀與學習**：閱讀有關心理學、自我發展和陰影功課的書籍與文章，或觀看相關的影片，以深化你對這個過程的理解。

五、**自我反思**：撥出時間來進行自我反思，也許是透過指導的練習或提示，來探索過去的經歷以及它們對當前行為的影響。

每天的習慣

一、**疼惜自己**：用疼惜自己來展開你的一天。要和藹地跟自己說話，並提醒自己：你正走在成長與療癒的旅途上。

二、**正念覺察**：在這一整天，練習活在當下，並察覺自己的想法、感受和反應，特別是在那些觸發情緒的情境中。

三、**情緒處理**：抽出時間去承認及處理你的情緒。不要壓抑或評判它們；相反的，你要允許自己去感受它們，並以建設性的方式表達它們。

四、**陰影日誌**：持續撰寫「陰影日誌」，每天記錄任何具體的陰影面向、觸發點或洞見。

五、**靜心練習**：配合呼吸功法、身體掃描或觀想之類的靜心練習，來探索你的內在景觀並發現陰影的面向。

六、**自我探問**：經常問自己諸如「爲什麼我會有這種感覺？」或「過去的哪些經歷影響了我現在的這種反應？」之類的問題來深入探索你的潛意識。

七、**健康的界線**：練習在關係中設定及保持健康的界線，確保自己不會過度付出或容忍被虐待。

八、**寬恕**：寬恕自己和他人過去的傷害和錯誤，這對於陰影療癒來說是非常強大的工具。

九、**尋求反饋**：鼓勵你信任的朋友或親人提供坦誠和開放的反饋意見，這樣你便可以從外部的視角發現自己可能沒有注意到的盲點。

十、**創意與表達**：參加諸如藝術、寫作或音樂之類的創意活動，來表達你的內在世界並探索你的潛意識。

別忘了，陰影功課是一輩子的事，並且必須用耐心和疼惜自己的態度來進行。這些習慣能幫助你逐步療癒並整合你的陰影面向，從而帶來更多的自我覺察和個人成長。

【故事時間】

莎朗的故事

莎朗為了修復她與某個教友的關係，開始參加課程。她與這個人的關係可以說是充滿了鄙視。他們對彼此還是有愛，但他們在教會和生活上的行事風格截然不同。然而，他們還是需要能夠合作。

這兩人都先參加我的寬恕課程，然後再繼續上陰影課程。

莎朗孜孜不倦地對自己下功夫，追蹤自己的陰影和反應，並不斷地問自己三個問題：「我是那樣的嗎？我曾經是那樣的嗎？我對那樣的行為會產生評判或反感嗎？」這種反思揭露出許多真相。她學會為自己設立健康的界線，也做了她的寬恕和陰影功課，並且報告說，整個教會的工作氣氛開始變得不一樣了。她感到非常開心。至於那段關係則成為界線的一部分，但這個界線是懷著愛與同情心來貫徹的。

她將焦點從外在的挑戰轉向接納自己的陰影、愛自己的陰影，停止被外界分心而專注於療癒的功課，而她的世界也隨之改變。

只要你肯下功夫，這個功課就會產生效果。

簡化版流程

從現在開始。從評估自己的生活和反應開始。你的反應和觸發點其實是個禮物，因爲它們爲你指出了方向。是的，它們令人感到不舒服，而你的不適感會讓你分心；也因此，這個過程需要紀律和付出。沒有紀律，你會堅信你的痛苦——儘管它存在於你的內心——是別人造成的，但事實並非如此。（沒有外面的世界，也沒有其他人。）

跟隨感受：我們之所以叫得出情緒反應的名稱，是因爲它們源自於我們早期的某個版本。當我們說出它們的名稱時，就像利用一條能量線追溯這個感受：慢慢地跟隨它，讓它引領我們找到根源中的根源。

祝福並感謝當下：在面對感受、故事和反應時表達感激。這麼做是因爲我們透過訓練而了解到，這種痛苦不過是對我們的完整性的一種干擾。當我們祝福這個感受時，這份祝福便開始轉化這個體驗——它具有煉金術般的效果。

安定身心：透過你所實踐的正念練習，你將穩定你的身體、平息你的反應、抑制你的恐懼，並明智地選擇你的下一步。

運用轉念：如同你在本書的內容中所了解到的，我們的故事和痛苦的倉庫，其實就在自己的潛意識中。每當受到刺激時，我們就有機會重新整合內在的感受，並運用轉念祈禱/治療來支持這個過程。

重新平衡與恢復：儘管所有的療癒功課都是在自己的心智、心靈和意識中進行，但有時在深刻的靈魂探索與沉思後，我們可能會受到啓發而採取行動。它可能只是簡單地進行一個儀式、寫日誌、寫信或打個電話——或任何幫助你療癒的自我關懷的行爲。

轉念的說明

本書關於正向轉念祈禱的任何說明，都是從靈性和玄學的角度來解釋的，一如全球靈性生活中心的創辦人歐內斯特．霍姆斯及其終極著作《心靈科學》所教導的。

靈性心療法（轉念）是人們必須經年累月地學習及精進的藝術與科學。然而，即使對它僅有初步的理解和應用，也會對你有所幫助。

在此，我們將轉念分爲五個步驟，但請注意這是經過刻意簡化的。

以下是基本的轉念肯定語的步驟，步驟後面會提供範例。

一、**認知**：認知指的是我們透過語言來描述自己對上帝/靈性/生命的理解，而這個描述是爲了在我們的內心創造出一種感受的體驗。當我們進行治療/祈禱/轉念時，我們所說的話總是假定我們與這個神聖本質合而爲一。

使用「上帝」一詞的例子：只有「一（One）」存在。它是一種仁慈智慧，平等地利益一切眾生，人人都可感受得到。這個「一」對我顯現；透過我展現；作爲我出現。我稱這個「一」爲上帝。

不使用「上帝」一詞的例子：只有「一」存在。這唯一的力量、唯一的存在、唯一的愛，毫無阻礙地、即刻地、永遠地在我身上發揮作用、透過我發揮作用、作爲我發揮作用。

二、**合一**：合一是宣告我與剛才所描述的上帝/靈性/生命一體無別的步驟。合一是承認無論用什麼名字稱呼，上帝就在我們所在的地方，毫無例外。因此，無論是在理解上帝或智慧並與其相應一致時，眞正重要的是要認識到，你就是這個「一」的存在與展現。（這一點對轉念的肯定語來說至關重要）

三、**展現/顯現/想要的結果**：這個步驟是說出你想要的結果。在此，你說的話必須極爲肯定，總是用現在式來陳述，並使用能激發你的想像力、信念與感知的描述性語言。

四、感恩：這個步驟是要連結或開始培養信念，相信你想要的結果已成定局。在此步驟中，你用言辭表達對結果——假想結果已經如願實現——的感謝。我們預先表達感恩是因爲我們相信，我們說出的任何話都會被上帝/智慧/靈性/生命承接並付諸實現；凡被宣告/公布之事，必然會顯化爲事實。

五、交付：交付是相信的下一步。交付的步驟基本上是這樣表達的：「我相信我所說的已經被內在的力量承接並付諸實現。我虔誠地將這個轉念交付給生命的法則（或宇宙、我的更高力量……等等）。誠心所願！」

在靈性的層面上，當我提到上述的「法則」時，我指的是那承接我們所說的話並付諸實現，從而把結果帶給我們這些虔信者的力量。然而，這個法則爲你運作的效果將取決於你的信念、堅定和意願的程度。換句話說，那些虔誠地說出並交付自己的話語的人，會更有可能實現他們的願望。但如果懷疑或恐懼進入了那些想要轉變思維的人心中，它們便會成爲新的顯化力量，從而否定並抹去已經說出的話。用比喻來說，園丁播下種子並照顧它們，但他們從不會挖開土壤查看種子是否發芽。園丁必須要有信任和信心，否則他們將會打斷種子的生長過程。同樣的，當你設定改變的意圖時，也應該如此。

倘若一個人沒有信心，並且（或）很難相信這個作為生活中的力量的法則，那麼他／她應該先從轉念開始，以加強他們對上帝或他們所認同的宇宙力量的信心。

轉念練習17

加強信心與臣服

步驟一：有一股無處不在的力量與存在，它強大、美麗、充滿了生命與活力。我稱這個「一」為上帝／靈性／生命／智慧。只有「一」存在，而我將這股力量視為美善與轉化的力量。

步驟二：我稱為上帝的這個「一」就活在我裡面，並透過我、表現為我來活出它自己。它存在於我的生命核心，並在我之內賦予一切轉化的力量。

步驟三：當我臣服於這個「一」並讓它賦予我力量時，我便從自己的陰影的影響力中解脫了。是的，我自由了，我自由了，我自由了。那些曾縈繞在我心中、生活在我的潛意識裡的一切，現在已不再對我的人生造成任何的影響。任何曾寄居在我的潛意識裡的陰影面向，無論它們曾經如何影響我的行為或決定，現在都已變得無效、不起作用，並且不再對我的生活產生任何的影響。我宣告，我的人生只有這唯一的力量和本源，而當我與這個「一」認同時，我站起身來讓自己自由地成為大膽、有創造力、健康、豐盛的人。當我擺脫了陰影，我比以往的任何時候都更加輕鬆；我自由地從全新的視角來看待人生；我自由地以完美、完整、圓滿的自己來探索這個世界。我現在比這些年來的自己更充滿生命力。我感受到一股新的創造能量奔湧在我的腦海、心靈和身體的殿堂。我得到了拯救，我自由了。

步驟四：懷著滿滿的感恩之情與美好的期待，我用話語和情感基調（feeling tone）來表達自己的感謝。

步驟五：懷抱著虔誠與堅定的信心，我將此語交付給法則、愛和生命的驚奇。誠心所願！

作一個充滿愛的靈性戰士

要成爲能影響改變的靈性戰士，得問自己這個問題：「我是想要對，還是想要幸福？」我們來換個角度說。你是否願意爲了你最大的「敵人」而成爲支持愛、屬於愛、懷著愛的一方？你能否選擇成爲如此澈底的愛，以至於你對另一個人的愛，比他們曾經對你做或打算做的事、他們如何忘記你，以及你曾受到的傷害更爲重要？

如果放下傷痛能讓你完全解脫，你會怎麼做？你能嗎？你願意嗎？

你能愛一個人超過他們愛他們自己的程度嗎？你能愛一個人而不計較他們的過往和錯誤的決定嗎？你是否能成爲愛，而不需要證明自己是對的或更好的嗎？

現在，請跟隨我。讓我們放下對他人的任何評價。我再問你：你能比以往更愛自己嗎？你能愛自己而不計較你的過往和錯誤的決定嗎？你是否能成爲愛，而不需要證明自己是對的或更好的嗎？你能放鬆地進入愛的狀態嗎？你愛的方式將形成你的遺產。

想像你進入一種愛的狀態，而這份愛源自你的內心深處。想像這種狀態，並帶著充分的覺察將它融入你自身。想像你的前任並選擇去愛他們，而無須他們做出任何改變。想像你的上司毫無理由就解僱了你，但每當你想起她時，你依然能自在地處於愛的狀態。想像你超越了對母親、父親或兄弟姊妹的排斥，即使你不喜歡或不認同他們的行爲，但你還是會選擇愛他們。

要記住，雖然愛自己、寬恕和陰影功課會引領你邁向完整的自己，但設定界線來讓自己感到安全依然是明智之舉。界線是愛自己的行爲，它們讓你保持安全，避免被扯進令人感到不舒服的關係中。你隨時可以根據自己的需要來更新或改變界線；當你的關係性質發生了變化，你也可以改變界線。

此處所談的這種愛，與認同或排斥無關。它指的是，你流露出來的愛的頻率是如此明確，以至於沒有任何人能夠反對你。

你可能不得不放下某些事——是的！
你將不得不寬恕某些行爲——是的！
你將因爲放下並選擇去愛而受苦——不會！
你將因爲放下並依然選擇愛而看起來像個傻子——也許！
然而，當這個回報光輝燦爛地在你身上完全展現時，誰又會在乎這些呢！

應對機制

有時候，我們必須用健康的方式來處理那些我們正在發掘的情緒。以下的建議有助於你處理自己的情緒，同時也照顧好自己。要記住，這些儀式並無法取代那些深入又意味深長的必要功課，請將它們作爲輔助工具而不是取而代之。

買個泰迪熊！

沒錯，這聽起來很老套，然而愛是這整個功課的基礎，因此我會建議用有趣又具體的方式來表達愛。買一個絨毛的動物或嬰兒玩具娃娃，但要挑選眞的會讓你想要抱它，並且能爲你帶來觸覺滿足感的高品質娃娃。想要觸摸它這一點特別重要，因爲它是這整個對策的要點。

當你感到有點脆弱而需要一些觸摸時，就小心地抱著你的熊。如果你感到悲傷、心情低落，那麼就像安慰你的內在小孩一樣地抱著它。如果你剛處理了某些重大的情緒，那麼你可以喊著這隻熊的名字並且告訴它，你有多麼高興你的陰影部分已經回歸成爲自己的完整性的一部分。要聆聽自己說出的每一句話。當我們允許自己一吐爲快時，有時會對自己說的話感到驚訝。而這正是我們持續增長自我覺察的方式。

想像用類似這樣的方式來展開對話：「嘿，寶貝，今天過得怎樣？我今天過得不太好，我等不及回家要告訴你今天發生了什麼，並且好想抱抱你。」和你的泰迪熊說話時，要以友善、充滿愛的方式談論自己，並跟自己的內在小孩說說話。

潛在的儀式

如果沒有完全投入情感，那些機械化的儀式充其量只能帶來短暫的慰藉，甚至可能沒有任何效果。然而，當你設定一個意圖，並以它爲主來做某種儀式，同時感受當下的臨在時，你便能獲得深刻的體驗。我個人喜歡懷著明確的意圖和目標而精心設計的儀式。當我把儀式與崇高的意圖結合在一起時，我的人生就會發生重大的轉變。我個人曾透過寫信、釋放儀式（releasing rituals），以及在家中設立祭壇來提醒自己保持覺察，並從中獲得助益。

此外，還有一些其他的儀式與修練方法也爲我的生命帶來改變。我曾攀登墨西哥的一座金字塔頂端，參加一場象徵與自己的更高力量結合的儀式；我曾透過禁食來觸及自己最眞實的渴望；我曾長時間禁絕評判和說八卦；我曾參與及組織自己的靜修營，並爲此寫了一本書；我也曾親身走過火堆。最後一個儀式讓我意識到恐懼不過是一種選擇，而這正是我必須熟悉掌握的概念。

一些簡單的建議

- 寫一封信給你的陰影，感謝它引導你走向完整。然後可以把這封信放在神聖的地方，也許是把它夾在你常翻閱的某本書中。
- 創建釋放的儀式。在紙上寫下你下定決心改變的生活面向。雖然你是在放下它們，但仍要用肯定的方式來表達，例如：「**我現在放下所有的自我批判，來讓自己獲得自由。**」然後在儀式當中將它燒掉。
- 與大自然互動。帶著一些花的種子去散步，並在散步的過程中隨手撒下種子，讓大自然去決定它們生長或不生長。一旦放下，它們就不再由你照顧了。
- 買一根蠟燭，並將它獻給你的完整性。把它放在家中某處安全又能每天看得到的地方（要保持安全）。晚上回家時，就把它點燃作爲你的完整性的見證。
- 選一塊「觸摸石」作爲提醒。選一塊石頭、一顆寶石、一枚硬幣，或其他可以隨身攜帶或放在包包裡的小物品。安靜地坐著，說出你尋求個人自由的意圖來將它們「灌入」這個小物品。然後把它帶在身邊，並在一天中時常觸摸它來讓你想起自己的完整性。

成爲他人的擁護者

一旦你開始發現自己的進步並享受努力帶來的成果，就將你獲得的快樂和洞見與他人分享。然而，分享的方式不是去修正他人，而是透過愛的表達、提供支持及肯定他們的價值。要看透人們的外表而了解到他們內心的掙扎，並且最重要的是你要做眞實的自己。與他人互動時，要開始直視對方的眼睛並試著看出他們的完美性。

不評判會使你更容易親近，特別是對兒女和孫子輩；就算動物也開始變得更親近你了，你也別太驚訝。要成爲積極又健康的人，因爲現在你已經學會不將事情個人化，並且能看到自己與他人的內在之美。

你越是分享自己的快樂和個人的成長，你內在的這些特質就會更加成長茁壯。**人們會看出你的改變**。**當他們問你時，請向他們說明接納自己的優點和缺點是如何帶來轉變的**。跟他們分享你的旅程，並提醒你所愛的人，他們也值得無條件地愛自己。

每一次站出來支持自己或他人，都會加強你的力量和決心。

共創的語言

當你開始理解並療癒自己的陰影時，你的聆聽將會變得更加敏銳，無論是聽自己說的話，還是身邊其他人說的話。你會更容易察覺到不負責任的習慣和陰影的投射。隨著練習的次數增加，我們說的話也會跟著改變。以下的圖表可以供你練習。

未練習者的說法	已練習者的說法
他／她讓我生氣。	我感受到生氣。
我要報復他／她。	我選擇不交出自己的力量。
他／她是個騙子，應該受到懲罰。	這種行為點出我必須療癒自己內在的某個東西。
這全都是你的錯。	我為自己現在的感受負責。
這一切都發生在外面。	這一切都發生在內心。
他們只是在嫉妒我。	我願意活在當下並看見他人。

這不是我的錯。	
他們都在跟我作對。	
不是我。	
他們老是這樣子。	
這件事沒有我說話的餘地。	
這種事為什麼會發生在我身上？	
要是他們別這樣做就好了。	
要是他們沒那麼說，我也就不會有這種感覺了。	
我不是種族主義者。	

請參考前面左右上下兩欄的例子，然後根據你的最新理解來完成右頁的空白欄位。接著，在澈底誠實的原則下，把你聽見自己說過的話在旁邊打上一個勾。如果是你經常聽見自己說的話，則打上兩個勾，並開始留意自己以後說的話——無論是在進行更多的陰影功課、寬恕功課，還是改變用語來培養新的習慣。

本有的回報

喜悅

如果你正在讀這本書，那麼你已經做了這個功課、你已經在往內看，並爲自己的人生設定了新的方向和目標。到目前爲止，你的內心已經發生了一些有意義的轉變，你開始以不同的眼光來看這個世界。

當你全心投入本書所討論的這種令人脫胎換骨的功課時，你不僅會發現那些顯而易見的禮物與改變，還會獲得一些微妙又深刻、伴隨你一生的回報。

其中最美妙的回報之一就是喜悅。經過必要的情感功課並面對內在的陰影後，喜悅會自然而然地出現。當這些陰影不再遮蔽你的視野時，你就重新取回了喜悅的天賦權利。事實上，喜悅並不是你要去達成的目標；它是早就編織在你的存在結構中的靈性元素，它是你本有的一部分。你的內在情感景觀現在將爲你的努力結出最美麗的果實。

你爲了覺醒及變得更有意識所付出的努力，將提醒你自己值得擁有這份喜悅。事實上，每一位致力於個人成長與提升的人，都在爲更健康的人類整體做出貢獻。你的完整性豐富了我們所有人。因爲當你臻至圓滿，你便成爲人類的一種祝福。

在這種狀態下，你本身即是你自己的獎勵，並且你會經常爲自己現在能充分欣賞的美而感到驚奇。簡單的喜悅——例如日落、日出、春天花朵的綻放或嬰兒的笑聲——將在你心中燃起喜悅與敬畏之情，因爲你已不再被生活的那些紛擾所困了。

花一點時間，列出你生命中那些你深愛並希望能影響他們的人——同樣的，這種影響並非透過強迫，而是懷著滿滿的愛與同情心來影響他們。

在這裡列出你的名單：

結語

目前爲止，你已經了解我人生中的一些事。我分享那些不堪的事，是因爲我不想再隱藏或保護它。我的解脫來自於講述自己的故事，來鼓勵他人也放過他們自己。我希望能持續不懈地投入這個功課，好讓我們能在無限可能的境界中相遇，陪伴著你發現自己的眞實本質。

我對全人類的願景是和平，但在這超過八十億人口的世界中，我願意盡我所能將這個理念傳播得更廣更遠。我和其他人一起站在這裡，致力於教導更多人學會愛自己及寬恕自己，並愛自己的圓滿本質。讓我們邁向自己的完整性，並伸出雙手彼此扶持。

願你的旅程充滿了平靜、愛與慈悲。
願你爲他人樹立追隨的榜樣。
願你活出充滿喜悅的人生，永遠擁抱更多的自由。
願你前所未有般地愛自己，無論你現在是什麼樣貌或不是什麼樣貌。

也願你考慮將這本書送給你愛的人，並與他們展開深入的親密對話，讓你在分享中擴大自己的愛。分享即是關懷。

你被看見、被愛、被賞識，你是健康社會中重要的一員——歡迎你。

獻上滿滿的祝福

蜜雪兒

致謝

感謝我的丈夫，感謝他一直以來的支持；感謝維達・金・布蘭查德（Veda King Blanchard）敏銳的眼光和對這個項目的關注；感謝所有的學生讓我從他們身上學習並豐富了本書內容；特別感謝喬爾・佛提諾斯（Joel Fotinos）的鼓勵和對我的要求；同時也感謝我的朋友蓋莎・尼柯斯（Gesa Nichols）、喬・克里斯蒂安納（Jo Christiana）和吉姆・斯塔克（Jim Starke）他們不懈的支持。

如同往常一樣，我必須提及我的精神導師瑞塔・斯佩林羅傑斯（Rita Sperling-Rogers）博士傳道人，沒有她，我不會是今天的我。

國家圖書館出版品預行編目（CIP）資料

愛的陰影功課：找到你的黃金陰影，轉化傷痛，從此活出閃耀的生命／蜜雪兒・沃德萊（Michelle Wadleigh）著；謝明憲譯. -- 初版. -- 新北市：橡實文化出版：大雁出版基地發行，2025.05
面；　公分
譯自：Shadow work : a spiritual path to healing and integration.
ISBN 978-626-7604-44-1（平裝）

1.CST: 精神分析學　2.CST: 自我實現　3.CST: 靈修

175.7　　114002995

BC1140

愛的陰影功課：
找到你的黃金陰影，轉化傷痛，從此活出閃耀的生命
Shadow Work: A Spiritual Path to Healing and Integration

作　　者　蜜雪兒・沃德萊（Michelle Wadleigh）
譯　　者　謝明憲
責任編輯　田哲榮
協力編輯　朗慧
封面設計　斐類設計
內頁構成　歐陽碧智
校　　對　蔡昊恩

發 行 人　蘇拾平
總 編 輯　于芝峰
副總編輯　田哲榮
業務發行　王綬晨、邱紹溢、劉文雅
行銷企劃　陳詩婷
出　　版　橡實文化 ACORN Publishing
地址：231030新北市新店區北新路三段207-3號5樓
電話：02-8913-1005　傳真：02-8913-1056
網址：www.acornbooks.com.tw
E-mail信箱：acorn@andbooks.com.tw
發　　行　大雁出版基地
地址：231030新北市新店區北新路三段207-3號5樓
電話：02-8913-1005　傳真：02-8913-1056
讀者服務信箱：andbooks@andbooks.com.tw
劃撥帳號：19983379　戶名：大雁文化事業股份有限公司

印　　刷　中原造像股份有限公司
初版一刷　2025年5月
定　　價　580元
I S B N　978-626-7604-44-1